# 10대,
## 인생을 바꾸는
# 진로 수업

# 10대, 인생을 바꾸는 진로 수업

초 판   1쇄 2019년 04월 24일
초 판 13쇄 2023년 11월 07일

**지은이** 김은희
**펴낸이** 류종렬

**펴낸곳** 미다스북스
**본부장** 임종익
**편집장** 이다경
**책임진행** 김가영, 신은서, 박유진, 윤가희, 윤서영, 이예나

**등록** 2001년 3월 21일 제2001-000040호
**주소** 서울시 마포구 양화로 133 서교타워 711호
**전화** 02) 322-7802~3
**팩스** 02) 6007-1845
**블로그** http://blog.naver.com/midasbooks
**전자주소** midasbooks@hanmail.net
**페이스북** https://www.facebook.com/midasbooks425

ISBN 978-89-6637-665-0 03190

값 **15,000원**

**미다스북스**는 다음세대에게 필요한 지혜와 교양을 생각합니다.

# 10대,
## 인생을 바꾸는
# 진로 수업

김은희 지음

"어떤 어른이 되고 싶은가요?"

미다스북스

# 네가 원하는 대로
# 살게 될 거야!

청소년들이 가장 많이 듣는 말은 무엇일까요?

꿈!

그중 하나는 바로 꿈입니다.

제가 만나는 청소년들 중에는 명확한 꿈이 있다고 말하는 학생도 있는 반면 꿈이 없다고 말하는 학생도 있습니다. 꿈이 있다거나 꿈이 없다고 말하는 학생의 태도에는 차이가 있습니다. 꿈에 대해 이야기할 때 보이는 자신감의 차이였습니다.

꿈은 내가 살아가는 데 나아가야 할 방향을 알려주는 안내자 역할을 합니다. 꿈이 있는 사람은 꿈이라는 빛을 따라 나아갑니다. 하지만 그 빛이 없는 사람은 멈춰 서 있기도 하고 다른 사람의 빛을 따라가기도 합니다. 우왕좌왕 방황하며 마음이 힘든 것을 경험하기도 합니다. 하지만 괜찮습니다. 이러한 과정 하나하나가 모여 빛을 찾는 원동력이 될 테니까요. 현재 꿈이 없다고 주눅 들지 않아도 됩니다. 단지, 원하는 것을 용기 있게 시도해보면서 나를 알아가는 방법을 연습해 보는 것이 필요합니다. 이것은 우리가 평생 해야 하는 공부입니다. 청소년기는 나에 대해 공부하는 방법을 배우는 것이 무엇보다 중요합니다. 또한 미래에는 훨씬 더 새롭고 다양한 사회가 기다리고 있습니다. 10년 후 우리 청소년이 서게 될 무대는 기술 습득보다는 사람의 가치가 더 중요한 사회일 것입니다. 기술의 궁극적 목표는 사람을 향하기 때문입니다. 변화하는 사회에서 생존하는 방법은 이제 기술과 단순 지식 습득이 아닙니다. 마음을 열고 생각을 열어 지식을 융합하고 사고를 융합하는 방법을 아는 것입니다. 따라서 사람에 대한 이해가 우선시되어야 합니다. 타인을 이해하려면 먼저 공감을 할 줄 알아야 합니다. 나에 대해 먼저 알아야 타인을 이해할 줄 아는 공감 능력이 생겨나는 것입니다.

예를 들어, 내가 좋아하는 것은 무엇인지, 내가 듣기 싫은 말이 무엇인지 알아야 다른 사람에게도 싫어하는 말과 행동을 하지 않게 됩니다. 그러면 타인에 대한 배려심과 존중하는 마음이 생겨납니다. 이것이 기본이 되어야 타인을 이해할 줄 아는 마음이 생겨나는 것입니다. 이렇듯 청소년들의 미래를 위해 준비해야 할 가장 중요한 것은, 나를 이해하고 새로운 가치를 더할 줄 아는 방법을 알아가는 것입니다. 그래야 스스로 행복을 만들어 나가는 방법을 창조할 줄 알게 됩니다.

경험이 중요하다는 말을 종종 듣습니다. 경험을 통해 자신을 알아갈 수 있기 때문입니다. 대단한 경험을 하라는 것이 아닙니다. 일상에서 사소한 경험이라도 시도해보면서 자신에게 기회를 주어야 합니다. 평소에 안 해보던 음식을 주말에 해보는 것도 나에게 새로운 경험을 주는 것입니다. 맛과 시각, 요리 방법 등 그 안에서 새로운 나를 알 수 있으니까요. 평소에 듣지 않던 새로운 음악도 자연의 소리도 청각에 자극을 주는 새로운 경험이 될 수 있습니다. 해보지 않았던 새로운 것에 대한 경험 하나하나는 새로운 나를 일깨워줍니다. 나를 알아가는 방법은 어려운 것이 아닙니다. 가까운 곳, 아주 작은 일상에서부터 나에게 관심을 갖기 시작하면 그 시점부터 자신이 생각하는 삶을 준비하게 되는 것입니다. 자신을 잘 아는 사람은 어떤 세상이 오더라도 중심을 갖고 변화하는 사회에 맞추어 자신의 길을 당당히 걸어갈 수 있게 됩니다.

우리는 누구나 자신이 원하는 것을 갖고 싶어 합니다. 자신이 무엇을 가지고 싶은지 알아야 합니다. 내 마음의 소리에 귀를 기울여보세요. 스스로를 아껴주고 사랑해주세요! 어느 순간부터 내가 원하는 것이 보일 것입니다. 그 빛을 따라가면 꿈이 보이고 열망이 꿈틀거릴 것입니다. 그리고 그 꿈틀거림은 현재의 나를 일으켜주는 원동력이 될 것입니다.

"시련은 있어도 실패는 없다."라는 말이 있습니다. 시련이 있다고 나의 가치가 변하는 것은 아닙니다. 자, 우리에게는 세상에서 가장 소중한 '나'라는 재산이 있습니다. 당당히 자신을 믿고 용기있게 도전해보세요. 청소년의 특권은 도전이니까요. 그러면 결국 내가 원하는 대로 살게 될 것입니다!

꿈의 출발선에 서 있는 모든 청소년을 진심으로 사랑하고 응원합니다.

이 책은 현장에서 다양한 청소년을 만나면서 그들과 함께 고민하는 마음으로 썼습니다. 또한 행복을 꿈꾸는 청소년들에게 작은 도움이라도 되기를 희망합니다. 마지막으로 늘 곁에서 용기를 주는 가족과 10대인 딸과 아들에게 사랑과 감사를 전합니다.

# 목 차

# 네 번째 수업 · 인생을 바꾸는 진로 수업 8가지

# 다섯 번째 수업 · 당당히 네 꿈을 세상에 외쳐라!

첫 번째
수업

나는 왜
하고 싶은 게 없을까?

# 1교시
# 하고 싶은 게 없어서 답답해요

이 세상에서 제일 중요한 것은
어떻게 하면 내가 정말 나다워질 수 있는지 아는 것이다.
—몽테뉴(프랑스 철학자)

## 좋아하는 연예인이 누구예요?

나의 10대 때 우상은 가수 변진섭이었다. 당시 SNS의 시스템이 없었던 터라 오직 스포츠 신문이나 TV 연예 뉴스로 소식을 접하는 것이 유일한 통로였다. 다른 반 친구와도 같은 가수를 좋아한다는 이유로 서로 소식을 주고받았다. 그러면서 우리는 쉽게 친해질 수 있었다. 새로운 소식의 내용은 스케줄뿐만이 아니었다. 무슨 프로그램에서 어떤 노래를 불렀는지, 어떤 음식을 좋아하는지, 선호하는 옷 스타일은 무엇인지 모든 것을 궁금해했다. 또한 "어제 착용한 선글라스가 어울리네, 안 어울리네." 옥신각신하며 친구들과 실랑이를 벌이기도 했다. 연예 신문이나 잡지에 관련 기사가 나오면 그것을 오려 포트폴리오를 만들기도 했다. 누가 시키지 않아도 참 열심히 했다. 이렇게 나는 내가 좋아하는 가수에 관한 모든 정보를 샅샅이 모았다. 왜 그렇게 알고 싶어 했을까? 그 이유는 바로 관심이다. 내가 좋아하는 사람에게 관심을 가지듯, 사소한 나의 모든 것에 관심을 갖고 바라보아야 한다. 내가 하고 싶은 것이 무엇인지, 마음이 왜 답답한지, 그 원인을 찾아내야 한다. 그러기 위해서는 나에 대해 알아야 한다. 나에 대한 공부가 스스로의 미래를 위해 알아야 할 기본 토대이기 때문이다.

코칭을 하다 보면 답답하다는 10대의 말을 자주 듣는다. 그 이유를 물으면 그냥 막연히 대답을 하거나 아예 대답을 잘 못 하는 경우가 대부분이다. 왜 자신 있게 대답을 하지 못할까? 그것은 나에 대해 정리가 잘 안되어 있기 때문이다. 즉 '나'에 대해 잘 모르니까 누군가가 나에 대해 물어봤을 때 생각이 멍해지는 것이다. 특히 청소년은 늘 빠듯한 일상이 반복되기 때문에 나에 대해 고민할 시간적 여유가 없다.

예를 들어, 무조건 아이돌이 멋있어 보여 가수의 꿈을 꾸는 연습생이 있다고 하자. 사실 그 학생은 음악적 재능보다 다른 쪽에 재능이 있는데 자신은 알지 못한다. 그러면 그렇게 열심히 연습만 하다가 데뷔 무대에 서면 어떨까? 시간이 지나면서 스스로 자신과 맞지 않는 일이라는 것을 깨달을 것이다. 동작 하나하나에 신경 쓰느라 정작 무대 자체를 즐기지 못하는 자신을 발견하기 때문이다. 반면 자신의 적성에 맞는 일이면 무대에서 열정을 다 쏟아 부을 수 있을 것이다. 그리고 더 새로운 무대를 만들기 위해 공부하고 즐기게 된다.

이렇듯 나 자신에 대해 먼저 잘 알고 있어야 인생의 어떠한 무대에 서더라도 당당하고 열정적으로 활약할 수 있다. 지금 하고 있는 일에 장기적인 목표도 세울 수 있다. 더 잘하고 싶고 알고 싶고 재미있기 때문이다. 목표를 향해 가는 길이라면 지금 어떠한 환경에 있더라도 미래에 대한 막연함 때문에 스스로 고통을 받는 일은 없을 것이다. 그러므로 나 자신에 갇혀 주눅 들기보다는 좀 더 넓고 자유로운 시선으로 세상을 바라볼 수 있어야 한다. 그러한 태도의 기본 바탕을 위해 나에 대한 지식을 차근차근 쌓아야 한다.

코칭을 온 학생은 물론 성인도, 자신에 대해 잘 모른 채 현 상황의 해결책만 갈구하는 모습이 안타까울 때가 있다. 일반적으로 학교를 졸업하고 취업을 할 때도 취업 전략이라는 것을 세우며 자기소개서 쓰는 법을 연구하고 학원에 다닌다. 자기소개서는 나에 대해 쓰는 것인데 20세가 훌쩍 넘은 성인도 어디서부터 시작해야 할지 몰라 시중에 나온 책들을 참고하며 지원하는 회사에 맞게 나를 끼워 맞추기 시작한다. 그렇게 만들어진 자기소개서는 지원하는 회사에 따라 조금씩 수정하면서 나를 여기저기에 맞춘다. 그러면 '나'라는 사람은 이런 사람도 되고 저런 사람도 되는 것이다. 그러다가 잦은 취업 실패에 부딪히면 무기력과 정체성의 혼란을 겪기도 한다. 그러므로 이런 취업을 위한 자소서는 의미가 없다. 즉 입시 전략이든 취업 전략이든 진정한 자소서는 나를 생각하는 연습에서 출발해야 하는 것이다.

나를 생각하는 연습은 왜 필요할까? 어느 날 갑자기 '나에 대해 생각해야지.'라고 해서 바로 정답이 딱 나오는 것이 아니다. 요즘에는 자존감에 대한 이야기가 많이 쏟아져 나온다. 나 자신을 사랑하라고 하지만 어떻게 나를 사랑하란 말인지 구체적인 제시가 없고 개인적인 사례만 있는 경우가 있다.

우리는 그 이야기를 듣고 감동받으면 그만이다. 하지만 사람마다 개인적인 경험이 다르다. 그 사례가 당장 감동을 줄 수는 있지만 그것을 나에게 적용하는 데는 한계가 있다.

자, 그럼 지금부터 나를 생각하는 연습은 어떻게 해야 하는지 알아보자. 우리는 싫어하는 사람을 억지로라도 좋아하기 어렵다. 그렇듯 먼저 나 자신을 좋아하는 사람으로 만들어야 한다. 좋아하고 사랑하는 대상에 대해서는 관심을 갖기 마련이다. 관심을 가지면 궁금해지고, 궁금해지면 알고 싶어진다. 나에게 애정을 갖기 위해서 사소한 나의 행동에도 칭찬해주자. 스스로를 기특하게 여기며 뭐든지 예쁘게 보라는 말이다.

가령 라면 하나를 끓여도 당연하게 여기는 것이 아니라 '어쩜 나는 라면도 이렇게 잘 끓일까?'라고 스스로 칭찬하고 이외에도 '나는 어쩜 예의가 이렇게도 바를까?', '어쩜 나는 이렇게 생각이 깊을까?', '어쩜 나는 이렇게 친절할까?' 등 사소한 행동에도 나에 대한 칭찬을 아끼지 않아야 한다. 그리고 애정 어린 눈으로 나를 바라보면 스스로에 대한 애정이 싹틀 것이다. 막연하게 '나는 내가 좋아.'가 아니라 구체적으로 왜, 어떻게 좋은지 가지를 뻗어 생각하는 습관을 가져야 한다.

예를 들어 내가 좋아하는 음식이 김밥이라면 단순한 김밥이 아니라 그 속에 우엉 빼고 소고기가 들어간 김밥을 좋아한다, 라면을 좋아한다면 어떤 종류의 라면을 좋아하는지 등 더 구체적으로 생각해야 한다. 취미가 음악 감상이라면 어떤 장르의 음악인지, 언제 그 음악을 듣는 것을 좋아하는지 스스로의 감정에 집중해야 한다. 듣기 싫어하는 말이 무엇인지, 왜 그 말이 싫은지, 어떨 때 그 말을 들으면 화가 나는지 등 내가 좋아하는 기호 식품부터 감정까지 온통 나에게 관심을 쏟아야 한다. 그렇게 관심을 가지고 나를 알아가는 과정을 습관적으로 연습해야 한다.

수학 문제를 풀 때도 구구단을 외우지 않고 곱셈 문제를 풀려고 하면 막막해진다. 마찬가지로 나에 대한 이해 없이 마음이 답답하다고 아무리 고민해봐도 문제는 해결되지 않을 것이다. 그것은 계속 다람쥐 쳇 바퀴

돌 듯 제자리에서 맴돌게 된다. 답답함은 해결되지 않고 결과적으로 그 스트레스가 신체적으로 나타나게 된다. 개인마다 정도의 차이가 있지만 이유 없이 배가 아프거나 머리가 아프거나 소화가 안 되기도 한다. 정서적으로 짜증이 나고 모든 것이 귀찮아지고 무기력해지기도 한다. 돌파구를 찾을 수 없어 선명하게 감정으로도 나타난다. 나를 좋아하고 관심을 갖는 것이 스스로의 정신적·신체적 건강에 얼마나 큰 영향을 미치는지 알 수 있다.

스스로에게 집중하자. 나에 대해 집중한다고 해서 하루아침에 나를 다 알 수는 없다. 어떠한 상황에서 어떠한 말을 들었을 때 내 감정이 어떻게 반응하고 생각하는지 살펴보아야 한다. 스스로에게 집중하는 습관을 갖자. 그 습관이 나를 알게 해줄 작은 노력의 시작이다. 저금통에 동전을 저금하듯 나만의 생각이 차곡차곡 쌓여갈 것이다. 그러면 하나의 사물을 바라보아도 내 주관이 만들어지고 나만의 색깔이 생긴다. 같은 책을 읽어도 남과 다른 가치관으로 보게 된다. 작은 습관들이 모여 자연스럽게 차별화되는 것이다. 그것은 곧 나만의 개성이다.

'나는 왜 하고 싶은 게 없을까? 나는 왜 개성이 없을까?'라고 고민하기보다 먼저 나에 대한 작은 관심을 갖자. 그러면 이러한 고민을 하지 않아도 자연스럽게 나다운 사람으로 성장해갈 것이다. 나에 대한 사소한 관심과 생각하는 연습을 갖도록 노력하자. 그것은 바로 나만의 개성 즉, 나만의 브랜드를 창조하는 밑거름이기 때문이다.

## 진로 길잡이 Q&A

**Q 자신을 사랑하라는 말은 너무 막연해요**

사소한 것부터 관심을 가지세요. 예를 들면, 내가 듣기 좋은 말은 무엇인지, 좋아하는 음식은 무엇인지. 일상에서 내가 느끼는 모든 것에 집중하다 보면 내가 좋아지기 시작할 거예요.

# 성적이 안 좋아서
# 하고 싶은 게 없어요

꿈을 지녀라. 그러면 어려운 현실을 이길 수 있다.
—릴케(독일의 시인)

코칭을 하던 중학교 2학년 영균이는 초등학교 6학년 때까지 꿈이 의사였다. 어릴 적 영균이의 친구는 화상을 입어서 얼굴에 큰 흉터가 생겼다. 그래서인지 늘 고개를 숙이고 다니며 자신 없어했다. 그런 친구가 영균이는 안쓰러워 자신이 피부과 의사가 되어 치료를 해주고 그 친구에게 자신감을 심어 주고 싶었다. 이렇게 의사라는 꿈의 동기도 확실했다. 중학교에 가서는 학원의 수를 늘리고 학습에 더 많은 시간을 투자했다. 빡빡한 스케줄에 영균이는 스트레스가 쌓여갔다. 어느 날부터 영균이는 시험지만 보면 가슴이 두근거리고 식은땀이 나기 시작했다. 조금이라도 성적이 떨어질까 봐 늘 불안한 마음이었다고 한다. 학원을 그만두고 싶었지만 부모님이 의대를 가려는 데 학원을 다니지 않는 건 말이 안 된다고 하셨다. 영균이는 자신의 감정을 잘 드러내지 않는 성격이었다. 차분하고 말수도 적은 학생이었다.

　SDS 진로 탐색 결과 영균이는 탐구형의 유형으로 자신이 관심 있어 하는 분야에 집중적으로 몰두하는 면이 있었다. 영균이의 성격은 겉으로 자신의 감정을 잘 드러내지 않기 때문에 스스로에게 쌓이는 스트레스가 많을 수 있다. 이런 경우 학원보다는 스스로 공부하면서 인터넷으로 필요한 강의를 듣거나 스스로 모르거나 더 알고 싶은 것들을 탐색하는 공부법을 추천했다. 탐구형은 자기 주도적으로 궁금한 것을 찾아가는 경향이 있다. 특히 관심 있는 것이 생기면 그것을 깊이 학습하는 성향이기도 하다.

　자신에게 맞는 학습법을 사용해 자기 주도적으로 학습을 해가야 한다. 그래야 성적 하나하나에 일희일비하지 않는다. 학생들은 성적에 따라 꿈을 정하고 성적에 끌려다닌다. 성적에 목숨을 걸다시피 하고 대학에 떨어지면 세상이 끝난 것처럼 상심하는 경우도 있다. 꿈에 따라 성적을 맞추는 것이 아니라 성적에 따라 꿈을 정하는 주객이 전도된 요즘 현실이 안타까웠다.


　학교에 동기부여 강의를 가면 학생들에게 가장 많이 듣는 말이 있다. 성적이 안 되서 하고 싶은 것이 있어도 어차피 못 한다는 이야기다. 성적에 얽매여 좌절하는 학생들에게 성적과 꿈이 꼭 일치하지 않아도 된다는 말을 해주고 싶다.

　고1인 주연이를 코칭할 때였다. 주연이의 부모님은 주연이가 어릴 때부터 공부는 물론 다른 분야에도 소질을 보여 기대가 크셨다고 한다. 하지만 중학교 1학년 2학기부터 성적이 떨어지기 시작했다. 그리고 현재는 아예 하고 싶은 게 없다며 말수도 줄어들었다. 주연이의 이야기를 들어보니, 초등학교 때까지는 엄마가 정해준 학습량을 공부하는 식의 철저한 관리가 있었다고 한다. 성적이 안 좋으면 엄마가 화를 내서서 혼날까봐 두려워 공부를 했다고 한다. 그러나 학년이 올라 갈수록 점점 성적이 생각대로 안 나왔고, 엄마의 기대가 두려워 부담감도 커졌다고 했다. 자신보다 공부에 뛰어난 두각을 나타내는 친구들을 곁에 두며 점차 자신이 할 수 있는 것은 아무것도 없다는 생각에 사로잡혔다는 것이다. 그런 주연이는 친구와 게임을 할 때면 마음이 편해진다고 했다. 주연이에게 학습은 주어진 할당량을 채우는 것이었다. 그런데 학년이 올라갈수록 학습량이 많아지고 학습의 즐거움을 알지 못하는 데다 어려서부터 주도적인 학습이 습관화되어 있지 않다 보니 아예 포기해버린 것이었다.

　주연이의 전반적인 학습 상태를 알아보기 위해 현재 학습 상태를 살펴보고 그에 맞는 전략을 짜는 데 도움을 주는 SLT 학습 전략 검사를 실시

했다. 결과는 긴장감이 아주 높은 상태라는 것이 가장 눈에 띄는 부분이었다. 주연이에게 필요한 것은 학습을 위한 전략이 아니라, 심리적 안정이었다. 왜 이렇게 높은 긴장감이 나타나는지 먼저 원인을 찾아야 한다. 그래야 그 다음으로 학습에 대한 구체적인 모색을 생각해볼 수 있다. 상담을 해보니 긴장감이 높은 원인으로 환경과 완벽주의 성격을 찾아볼 수 있었다. 절대적으로 생각하는 것을 적어보고 그것에 대해 자신의 생각을 풀어나갔다. 자신이 적은 생각들 하나하나를 어떻게 생각을 바꿀 수 있을지 고민해보았다. 그리고 자기 주도적인 학습은 어떻게 시작해야 할지 걸음마부터 다시 시작했다.

주연이는 그동안 시키는 대로만 따라가는 수동적인 학습을 해왔지만 사실 예술형의 성향을 가지고 있었다. 예술가형은 자신이 관심 있어 하는 분야에 열정적으로 몰입하는 강점을 가지고 있다. 하지만 기분에 따라 감정의 높낮이가 기복이 클 수 있어서 기분에 따른 학습량과 학습 시간을 잘 조절해줘야 한다. 그런데 그동안 수동적인 학습 스타일로 일정 시간에 매번 똑같은 학습량을 공부하고 있었으니, 학습량이 많아지면서 과부화가 걸린 것이다. 주연이는 전 과목 학습을 오래하기보다는 잘하고 좋아하는 과목을 집중적으로 해야 효과적이다. 그렇게 자신만의 포트폴리오를 만들어가야 한다. 이런 과정이 주연이의 흥미를 높일 수 있고 성향에 맞는 학습 전략이다.

성적이 무조건 안 나오는 것이 아니라, 방법을 모르기 때문에 안 나오는 경우가 더 많다. 진로 수업을 할 때도 무조건 성적이 좋지 않다는 이유로 미리 포기해버리는 학생들을 보게 될 때 안타까운 경우가 많다. 그 학생들은 성적을 기준으로 스스로의 가치를 판단해버린다. 그리고 자신이 마치 인생의 패배자라도 된 것 마냥 자신감을 상실한 상태로 내버려둔다. 성적은 꿈을 결정하는 결정적인 요소가 아닌 하나의 과정일 뿐이다. 문제는 스스로에 대한 자신감이다.

예를 들면 중간고사에서 수학 성적이 한 번 내려갔다고 치자. 그러면 다니던 학원에서 다른 학원으로 옮기기도 한다. 하지만 성적과 학원에 초점을 둘 것이 아니라 학생 개인에 맞는 학습 스타일을 알아가는 것이 가장 중요하다. 학원에서 아무리 잘 가르쳐도 자신과 맞지 않으면 무슨 소용이 있겠는가?

배운 것을 자기 학습 스타일에 맞게 이해할 줄 알아야 한다. 그래야 내 것으로 만들 수 있다. 그렇지 않으면 고액 과외를 해도 아무 소용이 없다. 과거에도 그랬다. 성적에 맞춰 진로를 정하는 것이 우선이었다. 성적에 맞춰 진로를 정하고 그것이 곧 꿈이라 생각 했었다. 성적에 맞는 대학과 학과가 정해지면 대학에 들어가기 위해 노력했고 대학에 가서는 졸업후 정해진 학과에 관련된 일을 찾으며 정신없이 앞만 보며 살았다. 우리는 그래야 하는 줄로만 알았다. 그러나 시대는 변했다.

생활은 편리해졌고 사람들의 의식도 많이 변화되었다. 특히 행복 추구권이 훨씬 소중하게 중요시되는 요즘이다. 그럼에도 학교에서 강의를 하면 학생들의 인식 변화는 20년 전 나의 청소년 시절과 별반 다를 것이 없었다. 오히려 그때보다 더 입시에 짓눌려 큰 꿈을 꾸지 못했다. 인생을 장기적인 면에서 볼 때 입시 공부란 지식 습득에 발을 디디는 하나의 과정에 불과하다. 많은 학생들은 학문의 즐거움을 알지 못하는 경우가 많다. 대부분의 학생은 오직 입시를 위한 도구일 뿐이라고 생각한다. 학교는 성적을 따기 위한 입시 학원이 아니다.

나는 왜 학교에 다니고 교육을 받아야 하는가? 교육의 정의는 인간이 삶을 영위하는 데 필요한 모든 행위를 가르치고 배우는 수단이다. 교육은 나에 대해, 나아가 세상에 대해 알아가기 위한 것들을 배워가는 것이다. 꿈을 이루는 과정에서 '성적'이라는 중요도가 사람마다 다른 것이지, 일률적으로 누구나 꼭 같은 의미가 아니라는 것이다. 누구나가 SKY를 꼭 가야 성공하는 것은 아님을 모두 알고 있다. 그럼에도 조금이나마차후 직업에 안정성을 부여하는 것이 명문 대학이라고 말한다. 학생들은 오로지 그 신념만 가지고 은연중 대학을 꿈으로 삼아 쫓고는 한다. 과거의 사회는 직업이 개인의 행복을 단정 짓는다는 고정관념이 큰 비중을 차지했다. 하지만 지금은 정보가 넘쳐나고 IT의 발전으로 인해 더 다양한 라이프 스타일이 생겨나고 있다. 사회적 분위기도 그 다양성을 인정하고 그 변화에 맞추어가려 한다. 정규 분포와 유일한 안정성이라는 사상에 경직되어 성적 하나만을 중시하기에는 사회가 크게 변하고 있다. 너무나 다양한 직종에서 다양한 사람이 하루에도 몇 번씩 성공을 맛보고 있다. 따라서 이러한 다양성의 사회에서 '성공할 확률'이라는 것은 의미가 없다. 개인이 추구하는 성공이라는 의미가 각자 다르기 때문이다.

"멀리 내다보지 않으면 반드시 가까운 곳에 근심이 있다."라는 공자의 말이 있다. 당장 눈앞에 보이는 성적을 학업의 전부라고 여기지 말고 더 큰 사람이 되기로 꿈꾸자. 자신 있게 앞으로 나아가는 것은 어떨까? 누구나 크든 작든 자신이 속해 있는 사회가 있다. 그 안에서 자신의 신념을 지키며 사회가 정한 고정적 기준과 가치에 흔들리지 않고 개인의 목표를 좇아야 한다. 그리고 스스로의 행동에 당당해지는 것이 중요하다.

성적이라는 기준과 잣대 속에서 스스로의 행복과 불행을 갈라놓는 어리석은 생각을 버리자. '아니면 다시 시작하면 된다.'라는 마음가짐으로 무엇이든 당당히 도전하자. 성적이 안 좋다는 이유로 결코 꿈까지 포기하지 말자.

진로 길잡이 Q&A

## Q 공부를 못 해서 꿈이 없어요

먼저 조급하게 생각하지 마세요. 일단 내가 관심 있는 것이 무엇인지 다양한 경험을 해보세요. 그 안에서 하고 싶은 것이나 궁금한 것이 있다면 알아보고 질문해보세요. 자연스럽게 하고 싶은 것이 생길 텐데, 그러면 그 공부를 열심히 하면 돼요.

## 3교시

# 어디서부터 시작해야 할지 모르겠어요

나는 나의 힘과 자신감을 늘 외부에서 찾고 있었다.
하지만 그것들은 항상 나의 내부에 있었다.
—안나 프로이트(아동 정신분석의 선구자)

IT 발전으로 모든 것이 빠르게 변하고 있다. 사람들은 이런 시대적 분위기 속에서 상대적으로 나만 뒤처지고 있다는 불안감에 여러 가지 정신적 피로감을 호소하는 것이 현실이다. 특히나 다양화된 대학 입시 전형에 대한 학부모와 학생들의 불안감과 피로감이 극에 달한 것이 교육계 현실이다. 이런 현실 속에서 부모도 자녀도 입시가 너무 복잡하다며 무얼 해야 할지 모르겠다고 답답함을 토로하신다.

코칭을 하던 중2 원석이의 부모님은 최근 드라마에 나온 입시 컨설팅을 보면서 불안감이 더 커지셨다. 인터넷에 떠도는 이야기를 보니 현실은 더 하다는 이야기에 어떻게 해야 할지 모르겠다고 하셨다. 초등학교 때는 조기 유학 한 번쯤은 보내야 할 것 같아서 캐나다에 2년을 보냈다고 한다. 그러다가 귀국 후에는 남들처럼 영어, 수학 학원을 보냈다. 이제는 중학교 3학년인데 아이는 공부에는 전혀 관심이 없고 그저 학원만 오간다고 걱정을 하고 계셨다. 잘하는 것은 아무것도 없고 고등학교는 어디를 보내야 할지 고민이라고 하셨다. 특히 이번에 주변에 공부 잘했던 아이들이 원하는 대학에 다 떨어져서 더 불안하다는 것이다. 준석이의 엄마는 하나뿐인 아들을 위해 교육에 대한 열의가 대단한 분이었다. 하지만 정작 준석이는 엄마가 원하는 특목고도 일반고도, 특성화고도 전혀 관심이 없었다. 그저 전자 기타에만 빠져 있었다. 엄마는 잘하는 것이 없다고 걱정하셨는데 준석이의 기타 연주는 수준급이었다.

부모님은 그들이 보고 싶고 원하는 것만 준석이에게 기대를 하셨다. 그래서 정작 준석이가 무엇에 관심이 있는지 보이질 않았던 것이다. 이 상황에서 준석이는 혼란스럽기만 했다. 그렇다고 자신의 진로를 진지하게 생각할 시간적 여유도 없었다. 현실은 학교, 학원을 늘 같은 스케줄로 오갔고 집에 오면 늘 밤 10시가 넘는데, 학원 숙제와 학교 과제로 늘 시간에 쫓겨 지냈기 때문이다. 자신이 원하는 것을 채우지 못한 채 앞만 보며 나가고 있는 것이다. 좋아하는 음악도 할 수 없고 그렇다고 학업에도 집중할 수 없었다고 한다. 이렇게 우왕좌왕하는 분위기 속에서 자신의 길을 잃어가고 있었다. 먼저 준석이의 성향을 파악하고 원하는 음악과 관련된 진로를 찾아 학습에 대한 동기부여가 가장 필요했다.

　고등학교에서 진로 강의를 할 때였다. 강연 후 한 고2 여학생이 다가와 자신은 하고 싶은 것이 너무 많아서 뭘 해야 할지 모르겠다고 했다. 그 학생의 SDS 진로 탐색 결과지를 보니 모든 영역이 골고루 크게 분포되어 있었다. 하지만 변별성이 높은 유형은 없었다. 다방면에 관심이 많아서 뚜렷한 진로가 나오지 않은 경우였다. 다양한 관심이 문제가 되는 것이 아니라 고2인 현 상황을 고려해볼 때 또한 자신이 어느 정도 진로를 정하고 싶은 경우라면 집중과 선택을 해야 한다. 그동안 쌓아온 다양한 경험을 바탕으로 가장 관심 분야를 중심으로 작은 관심들은 덜어내야 한다. 그래야 가장 큰 관심사를 찾을 수 있고 몰입할 수 있다.

　관심사를 찾아 몰입하다 보면 시간이 가는 줄도 모르고 집중하게 된다. 그렇게 빠져들면 부족한 점이 보인다. 그럼 무엇을 더 알아야 하는지 무엇을 더 채워야 하는지 스스로 보일 것이다. 몰입할 수 있는 것을 찾지 못했기 때문에 무엇을 해야 하는지 모르는 것이다. 아이들이 놀이터에서 모래 놀이를 할 때를 보면 처음부터 세세한 도구를 찾지 않는다. 모래를 쌓아가면서 점점 필요한 도구를 찾는다. 이렇듯 내가 흥미 있어 하는 놀이를 일단 시작하자. 그러다 보면 내가 집중할 수 있는 것인지, 아닌지 알게 된다. 앞에 당장 해야 할 것만 생각하기 때문에 시작이 늦었다고 판단하는 것이다.

진로 강의를 가서 학생들의 말을 들어보면 중학생은 중학생이라, 고등학생들은 고등학생이라 대학생은 이미 4학년이라서 자신의 상황에서 늦었다고 말한다. 무엇을 시작하기에 늦었다는 것이다. 이미 늦었다는 생각에서 출발하다 보니 우리는 늘 서두른다.

보통 사람들은 다른 사람과 다른 길을 가는 것에 두려움을 느낀다. 조금만 달라도 눈치를 보고 남을 의식한다. 가령 누군가 신호등을 건너면서 빨간불일 때 건너도 된다고 속으로 생각했다고 치자. 그때 혼자는 못 건너지만 한 명이 건너면 건너볼까 망설인다. 그러다가 두 명 이상 건너면 당당히 건너간다. 자신의 잘못된 판단도 남들도 하니까 군중 심리로 행동하게 되고 스스로 그것을 합리화한다. 다수의 그룹에 속한다 해서 안전한 삶을 살고 있다고 착각하는 것이다. 하지만 소수의 그룹에 속한 삶을 살더라도 스스로가 원하는 삶이면 그 안에서 주눅 들 필요가 없다. 인생에는 늦었다, 빠르다의 기준은 없다. 스스로의 선택과 만족만 있을 뿐이다.

같은 학년이라고, 나이가 같다고 출발선이 같은 것이 아니다. 출발이라는 의미를 어디에 부여하느냐에 따라 다르다. 내가 출발선이라고 생각하는 시점부터 시작인 것이다. 대학에 들어가면 혹은 취업을 하면 그때부터가 시작이라고 생각하는 사람들이 있기도 하지만 그것은 편견이다. 나는 자신을 알기 시작하면서부터가 시작이라고 생각한다. 내가 얼마나 대단한 사람인지 아는 것은 인생에서 첫 번째로 배워야 하는 근본적인 것이다. 지금 당장에는 뒤처져 보이더라도 나를 잘 이해하고 있는 사람은 앞으로 나아갈 수 있는 강한 에너지를 품고 있는 것이다. 그래서 주눅 들 필요도, 눈치 볼 필요도 없다. 외부의 조건에 나를 맞추어 살다 보면 어느 시점에서 멈추게 된다. 자신을 모른 채 앞만 보고 가다 문득 멈추는 사람들이 있다. 이렇게 자신을 알게 되는 시점이 오게 되면 주변의 모든 것을 멈추고 다시 시작하는 선택이 쉽지만은 않다. 사회에서 자신의 능력을 인정받고 주목을 받더라도 자신이 행복하지 않으면 아무런 소용이 없다. 자신이 왜 여기 있는지조차 의문이 생긴다면 더 이상 그 일을 할 수가 없는 상황까지 오게 된다. 그러면 자기에 대한 공부부터 시작해야 한다.

나는 나 자신을 사랑하기 시작한 날부터 많은 것이 눈에 들어왔다. 그 전에는 보이지 않았던 것이 보이기 시작한 것이다. 일단 내가 살고 있는 아파트의 꽃과 나무들이 보이기 시작했다. 이사 온 지 2년 만에 내 눈에 보이기 시작한 것이다. 예쁜 꽃이 필 때 사진을 찍기도 하고 나무에 걸려 있는 나무의 이름에도 가까이 다가가보았다. 나의 감성이 말라가고 있었던 것을 미처 보지 못하고 앞만 보면서 살고 있었던 것이다. 그 후로 나는 나에게 세상의 아름다운 것을 더 보여주기 위해 노력했다. 운전을 하다가도 차를 세워 아름다운 풍경을 내 자신에게 보여주었다. 그렇게 감성이 채워지자 사람들과 소통하는 것에 마음을 여는 것이 어색하지 않게 되었다. 그리고 나를 위한 목표를 세우기 시작했다.

그러면서 아무리 작은 일도 나 자신을 위한 일이니 힘들다는 생각이 들지 않았다. 그저 내 안에 나를 위한 것들로 채워가는 것이 즐거웠다. 수시로 나에게 말을 걸어서 나는 잘하고 있다고, 대단하다고 사소한 것도 스스로 칭찬해주자. 나는 거울을 볼 때마다 나에게 잘하고 있는 거라고 늘 이야기해주었다. 그렇게 외부의 조건에 눈치 보지 않고 당당하게 오직 내가 행복할 수 있는 방법들을 알아갔다. 나를 사랑하는 힘은 나를 발전시킬 수 있고 앞으로 나아갈 수 있게 한다.

어디서부터 시작해야 할지 막막해하지 말자. 나에 대한 공부를 미뤄두지 말자. 미루다 보면 언젠가 멈춰야 하는 시간이 올 것이다. 그때의 내가 돌아보면 이전에 내가 걸어왔던 시간이 과연 누구를 위한 것이었는지 후회하게 될 수도 있기 때문이다.

내 자신을 사랑하는 것부터 시작하자. 나를 위한 목표를 세운 것이라면 현재 시간들이 즐거울 것이다. 그러면 혹여 나의 실수도 짜증과 자책이 아니라 애정 어린 눈으로 바라볼 수 있고 다시 열정을 일으켜 설 수 있을 것이다.

나는 나를 사랑하면서 세상의 아름다움을 알게 되었다. 자, 지금부터 나를 애정 어린 눈으로 바라봐 주자. 세상의 아름다운 것들과 마주하게 될 것이다.

## 진로 길잡이 Q&A

### Q 어디서부터 시작해야 할지 모르겠어요

무슨 과목을 어떻게 해야 할지 생각하기 이전에 왜 나에게 이 공부가 필요한지 먼저 생각해보세요. 그 이유가 막연하다면 나에 대한 공부부터 시작해보세요. 나라는 사람이 원하는 것, 관심 있는 것이 무엇인지 알아가다 보면 시작해야 할 것이 무엇인지 보일 거예요.

# 진로는 한 번 정하면 끝이라면서요?

아이디어는 생각으로 보는 것이 아니다.
시대의 변화를 통해 얻는 것이다.
고정적인 생각을 버려라!
−스티브 잡스(애플 사의 창업자)

예전에는 '평생직장'이라는 말이 있었다. 당시에는 직장을 자주 옮겨 다니면 직장에 적응을 못 하거나 무슨 문제가 있는 것은 아닌지 등 부정적인 시선으로 보는 선입견이 있었다. 한 직장에 오래 다녀야만 그 분야의 전문가이고 걸맞은 능력이 있다고 생각했다.

내가 고등학교 때 성적에 맞춰 대입 원서를 쓰면서 마음에 안 드는 학과나 학교에 원서를 쓴 학생들은 하늘이 무너지는 것처럼 서럽게 울었다. 한 번 진로가 정해지면 끝이라고 생각했기 때문에 당시 우리는 극히 두려웠다. 어떻게든 대학을 들어가면 그 학과와 관련 있는 직업을 찾는 것이 우선이었다. 그러나 세상은 달라지고 있다. 면접에서도 그 사람의 역량과 가능성을 중요시한다. 그것을 알아보기 위해 다양한 형태의 면접을 시도하고 적성 검사도 실시한다.

다양한 경제 플랫폼을 한 예로 들면, 숙박 공유 서비스를 제공하는 에어비엔비는 온라인 중개 플랫폼을 통해 서비스를 제공하고 있다. 온라인에서 지원하는 서비스 자체를 통해 경제 행위를 하고 있는 것이다. 그들은 생산자와 소비자를 연결시켜주는 연결 플랫폼으로 수익을 얻고 있다. IT시대를 맞이하여 많은 기업과 다양한 분야에서 전문 기술인이나 전문가를 채용하고 있다. 자신만의 콘텐츠만 확실하면 굳이 한 군데 직장을 오래 다니지 않더라도 충분히 전문가로 인정받을 수 있다. 프로젝트로 경험을 쌓고 평판만 좋다면 이후에는 직장을 한 군데만 다니지 않아도 전 세계 사장들이 주는 일거리를 통해 수입을 얻을 수 있다. 이렇듯 우리는 기존의 수입 창출 구조에 대한 생각을 바꾸어보아야 한다. 변화된 사회에서 어떻게 돈을 벌지 색다른 길이 보일지도 모르기 때문이다.

대학 강의를 가면 많은 학생들이 일찍부터 취업을 준비한다. 단순히 취업을 목표로 준비하기보다는 앞으로의 전망, 직업의 가치 등을 고려해 취업을 준비하는 것이 중요하다. 미래 전망을 파악하려면 일자리의 변화와 수입 창출 방법의 다양성을 인지해야 한다.

'아마존닷컴'은 산업 기술을 사업에 적극적으로 도입해 무인마트 '아마존 고GO'를 만들었다. 아마존 고에 방문한 고객들은 물건을 고르고 매장을 나갈 때는 모바일 앱에 등록된 신용카드로 자동 결제를 한다. 이렇듯 4차 산업 기술을 사업화한 기업은 갈수록 늘어나고 있다. 4차 산업 기술을 도입하는 사례가 늘어나면서 기존의 일자리가 위협받는 상황은 점차 증가할 것이다. 'World Economic Forum2016'에서는 2020년까지 약 700만 개의 일자리가 감소하고 증가하는 일자리는 약 200만 개에 그치기 때문에 전체적으로 500만 개 이상의 일자리가 줄어들 것으로 전망하고 있다. 그러면 내가 졸업 후 만나게 될 사회는 현재 가지고 있는 직업에 대한 기준과 그 모습이 훨씬 달라져 있을 것이다.

그러면 변하는 사회에 적응하기 위해 앞으로 내가 키워가야 할 역량은 무엇일까? 다가올 시대는 자신과 다른 것을 이해하고 상호작용을 하기 위해서 주도적으로 자신을 관리하고 계획하는 사람을 필요로 한다. 남과 다른 것을 이해한다는 것은 그만큼 스스로의 방향과 가치에 확신이 있는, '자존감'을 가진 사람이다. 미래에는 새로운 시대를 받아들이고 복잡한 정보와 기술 속에서 자율적으로 정보를 선택하는 인재가 필요하다.

대학의 학과를 보면 예전보다 학과의 명칭이 다양해졌다. 글로벌 경영학과, 융합IT학과, 화학융합공학부, 국가안보융합학부 등 말이다. 그 이유는 융합형 직업이 증가하고 있기 때문이다. 새로운 직업이란 다른 영역의 연결 과정에서 생겨난다. 즉 서로 다른 전공과 기술이 융합되어 새로운 직업이 나타난다는 뜻이다. 따라서 우리는 자유로운 사고를 넘나들 수 있는 생각의 '유연성'을 가져야 한다. 앞으로는 수많은 정보가 쏟아져 나올 것이고 그 속에서 가치 있는 정보를 찾아내려면 정보를 분석하고 비판할 수 있는 독해력을 길러야 한다. 독해력을 기르기 위해서는 책을 읽고 공감하고 비판하는 과정을 연습하는 것이 중요하다. 우리는 미디어 없는 생활을 상상할 수조차 없는 시대에 살고 있다. 단시간에 감당할 수 없을 만큼 많은 정보가 드나드는 미디어 속에서 충분한 독해력이 필요하다. 그래야 미디어를 해석할 수 있고 옳고 그름을 스스로의 관념으로 판단해 선택한 정보를 자신의 것으로 만들 수 있다.

우리는 어릴 때 창의성이라는 말을 수없이 듣고 자랐다. 창의력을 앞세운 교구나 학습지도 많았다. 이제는 창의성을 키우기에 늦었다고 생각하는 부모님이나 학생이 있을지도 모른다. 창의성은 어릴 때에만 국한되는 것이 아닌 현재 진행형이다. 창의성은 로봇이 대체할 수 없는 인간만의 능력이다. 미래에는 예술가, 사업가, 과학자, 전략가와 같은 직업이 자동화 시대에서 상대적으로 안전한 직업군에 속할 것이다. 창의력이 부족하다고 걱정할 필요가 없다. 창의력은 충분히 계발될 수 있다. 스스로 주체적으로 생각하고 열린 사고방식을 시도해보는 것이 중요하다.

시대는 복잡해지지만 산업 기술의 발전 속에 생활은 점점 단순화된다. 사람이 사람으로부터, 서로 자극과 영향을 받아 무언가를 이뤄내는 세상에서 어떠한 시대가 오더라도 근본적인 목표는 인간의 행복이다. 시대는 점차 '행복'이라는 단어에 근접해지기 위해 각종 새로운 시스템과 사고를 도입하고 있다. 그와 발걸음을 맞추어 근본적으로 타인과 다름을 인정하고 타인의 말에 공감하는 '좋은 사람'이 되기 위해 노력해야 한다. 다른 분야도 이해하고 공감하려면 배려심이 있어야 한다. 그래야 소통할 수 있다. 배려심은 타인을 존중하는 마음에서 비롯된다. 일상에서는 고운 말을 써야 한다. 언어 습관에 따라 내 생각도 달라지기 때문이다. 존댓말을 하면 상대방을 존중하는 마음이 들지만 반말을 하면 나도 모르게 편하게 대하게 되고 존중하는 마음이 줄어들 수 있다. 그러므로 바른 언어를 사용하는 것은 좋은 사람이 되기 위한 기본 습관이다.

중학교 강의를 가면 '공무원'이 되고 싶다고 하는 학생들이 많다. 그 이유를 물어보면 "평생 다닐 수 있잖아요."라는 대답이 많다. 공무원이라는 직업을 선택하는 학생들의 이유는 단 한 가지, 안정적인 삶이었다. 어찌 보면 현실적이라고 생각하는 사람들도 있을 것이다. 하지만 공무원이라는 직업을 좀 더 전문적으로 해석하지 않고 단순히 안정성을 보장한다는 등의 이유로 되고 싶은 거라면 현재 존재하는 직업의 취지를 좀 더 깊이 생각해볼 필요가 있다. 앞서 말했듯 세상은 빠르게 변화하며 새로운 직업군이 생겨나고 있다. 사회에서는 그에 따른 인재를 필요로 하는 시점이다. 이에 발 맞춰 대학의 학과는 물론 대학 입시 전형도 다양화될 수밖에 없었던 것이다. 이런 변화를 인식하지 않고 무조건 입시를 위해 나를 맞춘다면 대학 졸업 후 취업에서도 또 나를 맞춰가게 될 것이다. 지금부터라도 전형에 나를 맞추지 말고 나에게 맞는 전형을 주도적으로 선택하자.

이제는 5년마다 직업 기술을 갱신해야 하는 시대라고 말을 하는 사람들이 있다. 그만큼 사회적 변화에 적응해야 한다는 것이다. 내 분야의 지식만으로는 살아남기 힘든 세상이 다가오고 있다. 따라서 내 전문 지식을 다른 분야와 연결시켜 새로운 것을 창조해내는 통합적 사고를 길러야 한다. 당장의 직업을 선택하기 위해 조급해하지 말자. 장기적으로 보고 천천히 고민해보자. 그리고 앞으로 스스로 키워가야 할 역량을 기르는 것이 무엇보다 중요하다.

현재 자신이 흥미 있는 분야를 찾아서 그와 관련된 학습을 해가야 효율적인 진로 탐색을 시작할 수 있다. 기존에 알고 있던 고정관념으로 세상의 변화를 읽어내려 하면 계속 따라가기만 하다가 결국 지칠 것이다. 이런 경직된 생각을 비워 나가자. 그리고 유연성을 갖춘 수평적 사고로 채워 나가자. 그러면 어떤 시대가 오더라도 스스로 끊임없이 변화하며 발전시킬 수 있다. 한 번 정하면 끝인 진로가 아니라 내가 원하고 품을 수 있는 장기적인 진로를 찾아야 한다. 스스로의 미래를 탐색해가는 과정을 통틀어 인생이라고 해도 무방하기 때문이다.

진로 길잡이 Q&A

**Q 진로는 한 번 정하면 끝인가요?**

· · · · · · · · · · · · · · · · · · · · · · · · · · · · · · · · · · · · · ·

아니요. 우리는 매 순간 선택을 하면서 내 삶을 만들어가요. 일단 시
작해 보세요. 현재 내가 원하는 것을  시작하면 그 다음이 보일 거예
요. 진로는 한 번 정하면 끝이 아니라 내가 계속 성장해 나가는 거예
요.

## 5교시

# 적성이 무슨 상관?
# 돈 잘 버는 게 최고잖아요

사람들이 일에서 행복하기 위해서는 세 가지가 필요하다.
적성에 맞아야 하고, 너무 많이 해서는 안 되며,
성취감을 얻을 수 있어야 한다.
—존 러스킨(영국의 비평가)


　강의를 가면 돈 잘 버는 게 최고라며 유튜버가 되는 게 꿈이라고 말하는 초등학생들이 많다. "유튜버가 되려면 필요한 게 뭐가 있을까?" 질문하면 카메라나 핸드폰만 있으면 된다고 말한다. 이렇게 아이들은 자신과 맞는지 적성과 상관없이 무작정 TV에 나오는 유명 유튜버를 막연히 동경한다. 동경의 대상을 말하는 것이 아니다. 방송에 나오는 유튜버에 대한 질문은 연봉을 묻는 질문이 대부분이다. 유튜버가 어떤 역량을 갖추어야 하는지, 어려운 점은 무엇인지 실질적인 직업에 대한 진지한 질문은 가볍게 넘어간 채 경제적인 부분에만 포커스를 맞춘다. 하지만 초등학생들은 유튜버란 직업이 꾸준한 업로드를 위해 얼마나 성실해야 하는지, 새로운 영상을 올리기 위해 얼마나 기획하고 연구해야 하는지, 정신적 어려움은 어떠한지 등을 알아야 한다. 방송에서 유튜버에게 필요한 내적·외적 역량은 아랑곳하지 않고 화려함과 많은 수입에만 집중하니 초등학생들은 그저 쉽게 돈 잘 버는 직업으로 인식하고 있다. 공부는 안 해도 되는 즐기기만 하는, 편안한 직업쯤으로 생각하는 경향이 있다. 그런 이미지로만 보이는 것 같아 안타까웠다. 직업에 대한 막연함이 아니라 구체적으로 필요한 역량을 알아야 한다. 그래야 내가 키워야 할 역량은 무엇인지 파악할 수 있게 된다.

친구가 연기 학원을 다니면서 광고도 찍고 드라마에 나오고 학교에서 친구들의 관심을 받자 윤희도 엄마를 졸라 연기 학원에 등록했다. 처음에는 해보지 않은 일이라 낯선 경험에 신기해했다. 하지만 시간이 갈수록 연기에 대한 공부가 생각했던 것만큼 재미있지 않았다. 대본을 외우고 연기까지 해야 하니 실습 시간마다 스트레스로 다가왔다고 한다. 결국 두 달 남짓 다니고 그만두었다. 윤희는 관습형의 아이로 주어진 일을 남들보다 성실하고 책임감 있게 완성하는 것이 적성에 잘 맞는 학생이었다. 인물의 성격에 맞게 다양한 감정 표현을 창의적으로 해석해야 하는 연기가 어렵게 다가왔을 것이다. 윤희가 힘들어했던 것이 너무나 당연했을지 모른다.

친구를 따라 했다가 적성을 찾는 경우도 있다. 자신이 알지 못했던 재능을 경험을 통해 찾을 수도 있다. 하지만 무작정 따라만 해서는 진정 내가 원하는 것을 찾지 못하고 오히려 시간만 허비할 수도 있다. 그래도 자신의 적성에 맞지 않는다는 걸 깨닫는 경험은 될 것이다.

　20대 후반 회사원이 상담을 하러 왔다. 대학에서 실용음악을 전공했지만 적성이 맞지 않아 대학 졸업 후 개인이 운영하는 작은 회사에 취업해서 경리 팀에 근무하고 있다고 했다. 초등학교 때부터 피아노를 치기 시작했고 그렇게 고등학생이 되었다. 딱히 할 것은 없고 대학은 가야겠으니 피아노 실력으로 실용음악과를 다녔다. 하지만 열정이 있는 친구들과는 달리 재미도 없고 학교를 다니는 것 자체가 스트레스였다고 한다. 그래서 졸업 후 바로 회사에 취업을 했지만 이 역시 적성에 맞지 않아 고민하고 있던 터였다. 그래서 몇 가지 검사 후 결과를 보니 그녀는 예술 쪽에 재능이 있는 것이 맞았다. 그중에서 건축, 입체에 대한 감각이 다른 영역에 비해 두각을 나타냈다. 그리고 사람들과 작업하는 성향이 아닌 혼자서 작업하는 성향이었다. 그래서 그녀에게 혹시 미술 쪽에 관심이 있냐고 물었더니 그녀는 인테리어 쪽에 관심이 있다고 했다. 하지만 지금까지 해온 음악이 아까워 선뜻 부모님께 말씀을 드리기 어렵고 자신도 이 길인지 확신도 없다고 한다. 또 지금 나이에 새로운 분야를 시작하는 것이 불안하고 갈등이 생긴다는 것이다. 음악을 하고 회사에 취직도 해보고 자신이 관심 있는 것을 찾아봐도 망설이는 것은 자신에 대한 믿음이 없기 때문이다. 늘 결정도 못하면서 현재에 만족하지 못하고 눈치만 보기 때문이다.

세상에 확신이 있는 직업은 없다. 사람들이 일반적으로 생각하기에는 불안한 직업일지 몰라도 작업 환경이 자신에게 잘 맞을 수도 있기 때문이다. 그래서 그녀에게 스스로에 대한 믿음을 갖는 것에 대한 중요성을 상기시켰다. 진로에 대한 자신감이 극히 떨어진 상태여서 자존감 회복을 위한 코칭을 진행했다. 아무리 자신의 적성에 맞는 것을 찾아도 그 안에서 즐기거나 행복해하는 방법을 모른다면 또다시 헤맬지 모르기 때문이다. 계속 다른 것이 더 좋아 보여 비교만 한다면 결국 자신이 진정으로 가야 할 길을 가지 못하고 길 한가운데 멈춰 서 있게 될 것이다.

어느 한 대학에서 진로에 대한 특강을 할 때였다. 한 학과에 전공과 관련된 일을 하고 싶다고 하는 학생은 많지 않았다. 물론 그렇지 않은 학과도 있다. 하지만 학생들은 취업과 관련된 학과를 더 선호하기도 한다. 어떠한 공부를 더 하고 싶고 그 학문의 진리를 알고자 대학에 그 학과를 선택한 학생이 많지 않은 것이 현실이다. 적성보다는 시간과 연봉을 더 중요시하기 때문이다. 물론 현실적인 요인도 무시할 수는 없다. 자신이 아무리 즐기는 일이라도 급여가 너무 적다면 고민할 수밖에 없을 것이다. 재미가 없더라도 급여가 많아서 선택한다는 사람도 있을 것이다. 하지만 당장 급여에 만족하며 얼마 동안 그 일을 할 수 있을지는 몰라도 얼마 가지 않아 스스로 지치는 시간이 찾아올 수 있다. 상담을 하면서 취업을 해서도 이러저러한 이유로 업무가 자신과 맞지 않다고 하는 사람들을 많이 보았다. 계속 회사를 옮겨 다니며 근무 조건만 살피는 것을 우선시했다. 이런 경우 그들이 놓치고 있는 것은 자신의 적성과 맞는 일을 찾는 것이다. 그래서 본인이 즐겁게 일을 할 수 있는지가 진짜 봐야 할 회사의 근무 조건인 것이다. 잘하는 일을 더 잘하면 경제적인 부분도 따라온다. 모든 일에는 굴곡이 있다. 내가 즐기는 일을 하다가 시련이 찾아오면 극복하려는 의지가 생긴다. 하지만 그렇지 않으면 포기하기 쉽다. 적성에 맞는 일을 하는 사람이 얼마나 되냐고 되묻는 사람도 있을 것이다. 하지만 좀 더 넓은 시야를 갖고 적성에 맞는 일을 찾아야 평생 그 일을 하며 성취감과 보람을 더 느낄 수 있다.

적성이란 '구체적인 특정 활동이나 작업에 대한 미래의 성공 가능성을 예언하는 데 주안을 둔다.'라는 사전적 의미를 가지고 있다. 여기에서 '미래의 성공 가능성을 예언하는 데'라는 문구가 눈에 들어온다. 예언이라는 것은 미리 짐작하고 말하는 것이다. 미리 짐작하려면 현재 가지고 있는 자료로 가능성을 생각해보아야 한다. 그 자료는 나에 대한 것이다. 내가 그동안 잘한 일이 무엇인지 사소한 것이라도 기억해두자. 그런 사소한 경험들이 나에 대한 소중한 자료들이다. 그 자료들 중에서 내가 집중했던 것과 뿌듯함을 느낀 경험은 무엇이었는지 분석해보자. 이 자료들을 모아 내 적성을 엿볼 수 있을 것이다.

어린 초등학생이 가끔 돈이 최고라는 말을 한다. 그런 이야기를 들을 때면 좀 슬퍼지기도 한다. 언제부터인가 우리는 자신이 원하는 일보다 돈을 위해 달려가는 현실 때문이다. 더 큰 미래를 위해 자신의 적성을 찾아가는 것은 헛된 수고가 아니다. 더 멀리 뛰기 위해 준비하는 시간인 것이다. 남들 눈치 보느라 자신의 길이 아닌 돈을 따라가면 얼마나 행복할 수 있을까? 당장 행복하다고 해도 그 시간이 얼마나 오래 유지될까? 사람마다 행복의 기준은 다르다. 사회의 기준에 맞추어 똑같이 살면서 개성을 외치면 누가 내 목소리를 들어줄까?

우리는 지금 10대다. 실컷 꿈을 꾸고 자신이 좋아하는 경험을 쌓아가야 한다. 다양한 경험 속에서 내 적성을 찾아내고 그것을 내 꿈과 연결해야 한다. 그것을 배우고 공부해야 한다. 그렇게 내 행복을 위한 나의 기준을 만들어야 한다.

경험으로부터 찾은 내 적성은 미래의 큰 재산이다. 돈 주고도 살 수 없는 커다란 발견인 것이다. '적성이냐, 돈이냐?' 고민인 10대에게 말해주고 싶다. 돈보다 더 큰 자산은 바로 적성이다. 그것은 더 멀리 쏘아 올릴 수 있는 내 미래에 대한 가능성이기 때문이다.

진로 길잡이 Q&A

**Q 적성에 맞는 일이 무엇인지 모르겠어요**

· · · · · · · · · · · · · · · · · · · · · · · · · · · · · · · · · · · · · · ·

불안해하지 않아도 돼요. 해보지 않아서 아직 모르는 것일 뿐이에요. 이것저것 사소한 것이라도 실천해보세요. 주말에 김치볶음밥을 만들어보는 것도 좋아요. 내가 모르던 요리에 대한 재능을 알게 될 수 있으니까요. 그렇게 나에게 기회를 주어야 적성에 맞는 일을 찾을 수 있어요.

**6교시**

# 하고 싶은 것과
# 부모님이 원하시는 게 달라요

나만 내 인생을 바꿀 수 있다.
아무도 날 대신해줄 수 없다.
−캐롤 버넷(미국의 유명 배우)

"네가 현실을 몰라서 그러는 거야."

마음만 앞서는 부모님은 자신이 원하는 것을 일방적으로 자식에게 강요하기 쉽다. 자신이 가고자 하는 길에 대해 부모님이 이렇게 말씀하신다면 반박하고 싶은 마음이 먼저 들것이다. 대부분의 부모님은 안정적이고 무난한 진로를 선호하기 때문이다.

만약 서울대 의대를 다니다가 가수가 되겠다고 학교를 그만두는 아이를 적극적으로 지원해주는 부모는 많지 않을 것이다. 내 자식이 고생을 적게 하기를 바라는 마음은 부모님의 마음이다. 적어도 자식의 꿈을 막으려고 의도적으로 그렇게 하는 부모는 없을 것이다. 자식을 둔 부모의 입장에서는 당연할지도 모른다. 그런 부모의 마음을 의심할 필요가 없다. 그냥 인정하면 된다. 부모님이 사회적 경험과 가치관을 종합해서 자식에게 드러내는 애정이라고 생각하자. 그러니 부모님의 애정을 무조건 부정적으로만 받아들여서는 안 된다.

부모님과 나의 진로에 갈등이 생기면 미리 좌절해버리는 유형이 있다. 중간고사나 기말고사를 볼 때는 두세 과목씩 묶어서 며칠에 걸쳐 시험을 치른다. 첫날 시험을 망쳤다고 가정해 보자. 그럴 때 어떤 생각이 드는가? 학창 시절 친구 한 명은 시험 때만 되면 늘 이 말을 입에 달고 살았다. "에이, 어차피 이번 시험은 망쳤네, 망쳤어." 어차피 다른 과목을 잘봐도 평균이 너무 낮아서 할 필요가 없다며 나머지 시험을 아예 자포자기했다. 그 친구는 거의 완벽주의 성향을 갖고 있었다. 자신이 생각해둔 점수가 나오지 않으면 아예 손을 놓았다. 굉장히 단호하고 자신의 생각이 확고한 듯이 보였다. 겉으로는 단단해 보여도 사실 그 친구의 마음은 시험점수에 대한 두려움이 컸던 것이다. '망했다'는 핑계로 자신을 합리화하는 핑계거리를 찾은 것이다. 두려움이 크기 때문에 한 번의 시험으로 마음이 무너지는 것이다. 그 두려움은 시험에 대한 스트레스이다. 그 스트레스가 강할수록 두려움이 커진다. 다음 날 시험을 더 잘 보려는 시도조차 해보지 않고 좌절해버렸다.

부모님과 갈등이 생기면 처음부터 좌절해버리는 사람들도 이와 비슷한 심리이다. 내 마음속에 부모님에 대한 두려움이 클수록 아예 시도조차 하지 않는다. 자라면서 부모님과 갈등이 생겼을 때의 경험을 바탕으로 어차피 소통이 안 될 거라고 미리 예상을 하는 것이다. 이런 식으로 상황을 예상해서 미리 좌절해버린다면 평생 부모님의 가치관에 따라 내 인생을 운영해갈 것이다. 자신의 주체적인 삶을 살지 못하면 스스로를 마음의 벽에 가두고 살아가게 된다. 마음의 벽은 그대로 두면 저절로 사라지지 않는다. 그것은 살면서 다른 사람과의 관계에도 영향을 미친다. 그래서 스스로 더 힘들게 할 것이다. 벽은 벽돌로 하나씩 쌓아 만든 것으로 무너뜨리기 쉽다. 쉽게 생각하면 아주 작은 것에 답이 있다. 벽돌로 쌓인 벽은 벽돌 하나만 빼면 전체 벽돌이 무너지게 되어 있다. 살면서 누군가에게 쌓아올린 마음의 벽이 있다면 그 벽돌 하나가 무엇인지 생각해보자. 그것이 무엇인지 알아내는 것이 벽을 무너뜨리는 방법이다. 여기서 부모님에 대한 그 벽돌 한 개는 두려움일 수 있다. 그렇다면 부모님에게 두려움을 느끼는 것이 무엇인지 스스로에게 물어보자.

부모님과 갈등이 생길 때 서로 지나치게 예민해져서 서로 상처를 주는 경우도 있다. 부모님은 자식을 자신의 일부로 느끼기 때문이다. 그래서 일일이 간섭하고 잔소리를 한다. 내가 살아보니 내 경험이 적어도 자식보다는 낫다고 느끼기 때문에 가르치려 하는 것 같다. 다 자식을 위한 것이지, 자신을 위해 그러는 게 아니라며 자식은 부모를 믿고 따라야 한다고 생각하는 경우가 있다. 혹여 자식에게 상처가 되는 말이나 행동을 해도 다 잘되라고 그런 거라며 스스로 합리화하려는 경향도 있다. 내 마음은 올바른 것이니까 자식이 크면 이해해줄 거라 믿고 싶어 한다. 자식은 내 문제에 부모님이 세세히 참견하는 게 귀찮을 때도 있다. 부모님은 부모님대로 자식에게 적절한 관심과 애정으로 관심을 주어야 한다. 자식도 부모님의 살아온 삶을 인정하고 존중해줘야 한다. 서로 배려하고 존중하는 마음이 있어야 서로의 감정을 해치지 않을 수 있다. 서로의 감정과 생각은 다르다. 아무리 부모 자식이라도 똑같이 생각하고 웃을 수는 없다. 서로 바꾸려고 한다면 그때부터가 갈등의 시작이다. 부모님이 화를 내시거나 답답해하셔도 그 감정에 휘둘리지 않아도 된다. 그 감정은 부모님의 감정이다. 갈등이 심해지는 것은 서로 감정을 주고받기 때문이다. 그래서 끝까지 가는 것이다. 서로의 감정을 인정하고 받아들이자. 예민한 반응을 보이면 상대가 부정적으로 받아들일 수 있다. 그러면 서로 배려하는 긍정적인 소통이 될 수 없다. 서로의 주장만 내세우다가 대화가 끝나기 때문이다. 그러면 서로 원하는 방향으로 합의점을 찾을 수 없다.

내가 하고 싶은 것과 부모님의 생각이 다른 학생을 보면, 자기 입장에서만 주장을 한다. 말이 주장이지, 사실 일방적으로 떼를 쓰는 것처럼 보인다. 마트에 가면 아이들이 떼를 쓰는 장면을 가끔 본다. 그럼 부모는 성향에 따라 다르게 반응한다. 뒤도 안 돌아보고 그냥 무시하고 다른 코

너로 이동하거나 우는 아이를 계속 설득하기도 한다. 상대가 일단 떼를 쓰면 그 상황에서 벗어나고 싶어 한다. 억지이기 때문이다. 서로 대화하는 상황이 만들어지려면 상대방에 대한 태도가 중요하다. 먼저 대화의 주제를 언급하고 상대방의 말을 차분히 경청해야 한다. 듣다가 화가 나거나 듣기 싫은 이야기가 있어도 끝까지 예의를 갖고 들어야 한다. 그 후에 상대방을 이해하고 자신이 하고 싶은 이야기를 정성껏 해야 한다. 이야기를 할 때 나의 일방적 주장이 되지 않게 해야 한다. 그러려면 대화를 하기 전에 내가 하고 싶은 것에 대해 막연한 정보가 아니라 구체적인 정보를 알아야 한다. 그 정보에 대해 충분히 공부하고 난 후에 어떠한 질문이 들어와도 대답할 수 있어야 하는 것이다. 그러면 부모님이 보시기에 적어도 억지로 보이지는 않을 것이다. 내가 하고 싶은 것에 대해 많이 알아야 내가 말할 때도 자신 있는 말투가 나오고 당당해질 수 있다. 절실한 마음으로 진정성 있게 대화를 시도해보자.

또한 내가 간절히 하고 싶은 일은 스스로 선택하고 결정하자. 주변에는 다른 사람에게 물어보기만 하고 결국 남이 결정해주는 대로 선택하는 사람들이 있다. 자신보다 타인을 더 신뢰하고 자신의 결정을 믿지 못하기 때문이다. 세상에 완벽한 사람은 없고 정답도 없다. 의견을 들어보고 참고할 수는 있다. 하지만 누구도 내 문제를 결정해줄 수는 없다. 친구들과 영화를 볼 때도 영화를 선택하면서 남들 결정만 따르는 사람들이 있다. 그런 사람은 정작 자신이 보고 싶었던 영화는 집에서 돈 주고 다시 본다. 사실 영화를 보자고 자신 있게 말하는 사람도 아직 그 영화를 보기 전이다. 둘 다 영화를 보기 전 상황은 똑같다. 꼭 보고 싶은 영화였는데 말조차 못 했다고 하자. 그런데 친구가 보자고 한 영화가 재미없었다면 모든 것을 친구 탓으로 돌리게 된다. 그러면 상대방에 대한 불만이 생긴다. 이런 사소한 행동이 상대방을 불신하게 만든다. 이런 마음이 들면 불편한 건 상대방이 아니라 바로 나다.

영화를 보기 전 서로 제안하고 의견을 조율했다면 아무리 결과에 후회하더라도 적어도 상대방을 원망하지는 않을 것이다. 내가 선택해야 후회해도 남을 탓하지 않는 결과를 갖게 된다. 스스로를 신뢰하기 위해서는 사소한 일상에서도 내가 스스로 결정하는 습관을 가져야 한다. 그게 습관화되면 스스로 믿을 수 있는 사람이 된다. 내가 나를 존중해야 남도 나를 존중한다. 내 결정을 의심하지 말자. 스스로 내 결정을 존중해주자.


청소년기의 특권은 무엇일까? 경험과 도전이라고 말하고 싶다. 남의 눈치만 보느라 정작 자신이 가고자 하는 길에 망설이기만 하면서 시간을 보내는 학생을 종종 본다. 시간은 기다려주지 않는다. 생각만 하고 가만히 누워 있어도 하루는 너무나 빨리 지나간다. 이 시간을 도전과 경험에 투자하자. 꼭 거창하고 대단한 것에 도전하라는 것이 아니다. 도전해 보고 극복하려는 의지를 가지라는 것이다. 극복하려는 의지, 이 힘을 키우는 것이 중요하다. 언제나 도전하고 극복하려는 마음은 필요한 것이기 때문이다. 이런 경험을 바탕으로 문제를 해결하는 자신만의 방식을 만들어가도록 연습해야 한다.

소중하게 간직해온 일이 있는가? 꿈꿔온 삶의 방식이 있는가? 지금 시작하라. 지금 시작하지 않으면 대체 언제 할 것인가?

－팀 페리스(미국의 작가)

내 인생의 주인은 부모님이 아니라 바로 나다. 이것은 이기적인 것이 아니라 독립적인 것으로, 독립을 위해 조금씩 준비하는 것이다. 내 삶을 주도적으로 이끌 수 있는 준비를 말한다. 준비가 되어 있지 않으면 성인이 된 후에 나에 대해 더 큰 혼란에 빠질 수 있다. 준비는 한 번에 이루어지는 것이 아니다.

지금은 도움을 받아야 할 부분이 있다. 그럴 때는 도움을 받고 도움을 청하기도 해야 한다. 그러면서 자연스럽게 주도적인 삶의 과정으로 넘어가야 한다. 선택은 나에게 주어진 나의 과제이다. 모든 것을 누군가에게 이끌려가는 선택을 해도 후회도 내 몫이다. 삶의 진로를 바꾸거나 정하는 순간에도 나의 선택을 믿자. 후회든 성공이든 똑같다. 그리고 많은 기회를 놓치지 말고 누리자. 청소년기의 특권은 도전이기 때문이다. 지금부터라도 그 특권을 누려보는 것은 어떨까?

진로 길잡이 Q&A

**Q 제가 하고 싶은 게 있는데 부모님이 반대해요**

. . . . . . . . . . . . . . . . . . . . . . . . . . . . . . . . . . . . . . .

먼저 부모님의 의견도 인정해드리세요. 그리고 부모님이 납득할 수 있도록 내가 하고 싶은것에 대한 충분한 정보를 가지고 구체적인 계획을 세워서 대화를 해보세요. 그에 대한 열정과 자신감을 보여주세요.

## 7교시

# 한 번도 꿈을 꿔본 적이 없는데요

그대의 꿈이
한 번도 실현되지 않았다고 해서 가엾이 생각해서는 안 된다.
정말 가여운 것은 한 번도 꿈을 꿔보지 않은 사람들이다.
ㅡ에셴바흐(독일의 시인)

　　초중고, 대학 진로 강의를 다니면서 수업 참여가 가장 높은 학교는 어디일까? 바로 초등학교다. 초등학생들은 자신이 하고 싶은 직업에 대해 당당하다. 그 이유를 분명하게 덧붙여 자신 있게 대답한다. 하지만 고학년으로 올라갈수록 하고 싶은 일이 없다고, 나아가 꿈이 없다고 말하는 학생이 많다. 주변에는 청소년의 진로 탐색을 돕기 위한 다양한 프로그램과 행사가 있다. 부모는 부모님대로, 학교는 학교대로 서로 최선을 다하지만 결과적으로 꿈이 없는 아이들이 늘어나고 있다.

　　중학교 2학년 혜정이는 초등학교 때까지는 다양한 활동에 관심도 많고 적극적인 학생이었다고 한다. 하지만 중학교에 들어가서는 자신감도 떨어졌고 혼자 있는 것을 즐기며 꿈이 없다고 했다. 아버지와 함께 코칭을 받으러 온 혜정이는 어릴 때는 엄마가 모든 성적 관리를 했으며 모든 일과표를 다 짜주었다고 했다. 성적도 좋았으니 엄마가 시키는 것만 하면 된다고 생각했다. 그러나 어느 날 엄마의 갑작스런 병환으로 학업 면에서 체계적인 관리를 받을 수 없었다. 중학생이 된 혜정이는 학교와 가정의 낯선 환경에 갑자기 자신이 무엇을 해야 할지 몰랐고 겁이 났다. 혜정이뿐만이 아니라 요즘에는 자식의 모든 삶을 주도적으로 이끄는 부모님이 많다. 아이가 그러한 환경에 지속적으로 놓여 있게 되면 누군가의 주도하에 만들어진 계획만 따르는 수동적인 사람이 될 수밖에 없다. 나아가 혜정이처럼 갑작스럽게 홀로 놓이는 상황이 올 때 어디로 가야 할지 방향을 잃어버릴 수도 있다. 가령 누군가 어떤 정보 하나 없이 나를 버스에 태웠는데 내가 그 버스의 종착점은 물론, 왜 그 버스에 타고 있는지 모르는 것과 같다. 그래서 중간에 버스에서 갑자기 내리는 상황이 오면 방향 감각이 없어져 멍하니 그곳에 서 있게 되는 것이다. 누군가 시키는 대로만 움직이면 홀로 멈추어야 할 상황이 올 때 스스로 나아가는 길을 개척하는 방법을 찾지 못한다.

EBS 프로그램에서 놀이에 대한 내용을 다룬 적이 있다. 유치원 교사는 아이들을 세 그룹으로 나누어 그룹별로 놀이를 지정해주었다. A, B그룹에게는 쌓기 놀이를 제안했고 C그룹에게는 하고 싶은 놀이를 자유롭게 하라고 했다. C그룹 아이들은 자유 의지로 쌓기 놀이를 선택했다. 20분 후 교사는 아이들에게 더 놀아도 되고 그만해도 된다고 말했다. 그러자 A와 B그룹 아이들은 바로 놀이를 중단하였다. 그러나 C그룹 아이들은 계속해서 놀이에 집중했다. 자발적으로 선택한 놀이의 중요성을 알려주는 예시였다. 스스로 만든 꿈은 오래 지속하고 집중할 수 있지만 자신의 적성이나 흥미와 관계없이 누군가 지정해 준 꿈은 재미가 없기 때문에 오래 지속할 수 없다.

평소에 게임에만 관심 있는 중3 영찬이는 걸어 다닐 때도, 심지어는 집에서 화장실에 갈 때도 게임 화면만을 들여다본 채 걸어 다닌다면서 부모님은 속상해했다. 학원에 다녀오는 시간 외에는 종일 게임에만 열중한다고 한다. 영찬이는 꿈에 대해 생각조차 해본 적 없다고 했다. 단지 친구들과 게임하는 시간만 재미있었다. 아이에게 게임의 어떠한 면에 관심이 가는지 게임에 관련된 구체적인 질문을 했다. 어떤 캐릭터가 좋은지, 친구들에게 게임을 설명하는 것이 좋은지, 앞으로 어떤 게임이 나왔으면 좋겠는지, 게임 담당자에게 하고 싶은 말이 무엇인지, 게임할 때 영상을 보는지, 게임 프로그램에 관심이 있는지, 게임 시나리오에 관심이 있는지, 게이머에 관심이 가는지 등의 구체적인 질문을 하자 영찬이는 처음과 달리 눈을 반짝거리며 말을 많이 하기 시작했다. 영찬이는 게임 기획에 관심이 많았기에, 게임 관련 특성화고등학교에 진학하거나 일반고에 재학하며 게임 학원에 다니는 것을 추천했다. 현재 영찬이는 게임 학원에 다니면서 자신이 흥미 있어 하는 분야에 매진하고 있다.

　게임만 한다고 걱정하는 부모님이 많다. 정도와 상황의 차이가 있겠지만, 대부분의 부모님은 게임에 대해 잘 모르기 때문에 불안하고 게임만 하는 자녀가 답답한 것이다. 부모님과 자녀는 서로의 마음을 이해해주어야 한다. 부모는 왜 아이가 명확한 꿈 하나 없이 게임만 하는지 찬찬히 살펴보아야 한다. 아이의 마음에 대한 정보를 가지고 다가가야 한다. 무작정 감정적으로 설득하면 서로 상처만 남을 것이기 때문이다. 앞서 놀이의 중요성을 말했듯이 게임도 하나의 놀이라면 자신이 무엇에 더 관심이 있는지 자발적으로 선택할 수 있는 기회를 주어야 한다. 많이 경험하고 잘 놀아야 하고 싶은 것이 명확해지기 때문이다.


　고등학교 2학년 현정이는 아이돌 그룹의 열정적인 팬으로 그들을 주제로 한 영상을 만들고 스스로 포토샵을 터득해서 편집도 했다. 현정이는 꿈이 없다며 진로 선택에 고민이 많았다. 상담 중 현정이가 아이돌 그룹을 좋아한다는 것을 알게 되었다. 관심을 넘어서 현재를 스스로 즐기면서 만들어가는 취미를 상기시켜주었다. 그리고 그 안에 자신의 재능이 숨겨져 있다는 걸 알게 해주었다. 결과물을 이루는 기술적인 내용을 스스로 배워가고 만들어내는 것은 관심과 열정이 아니면 쉬운 일이 아니기 때문이다. 각 기술적인 부분이 조화롭게 연결될 수 있도록 끌어내는 재능도 돋보였다. 그리고 큰 그림을 그려 나가는 기획력까지 갖추고 있었다. 그래서 현정이에게 공연 기획이라는 직업에 대해 알려주었고 관련된 직업 정보도 소개해주었다. 그리고 구체적인 진로 계획을 꾸준히 세워갈 수 있는 방법을 모색했다.

"다양한 경험을 가져야 한다."라고 말하면 생활기록부를 떠올린다. 고학년일수록 생활기록부를 위한 경험을 먼저 생각하지, 진정한 경험의 의미를 염두에 두지 않는다. 하지만 다양한 경험을 통해 내가 현재 즐기는 것이 무엇인지를 잘 관찰해야 한다. 이를 토대로 주체적인 미래를 설계해가는 연습을 해야 하는 것이다. 꿈은 누군가가 설계해서 나에게 제공해주는 것이 아니다. 스스로 선택할 수 있는 환경을 끊임없이 스스로 제공하고 그 안에서 자발적인 선택을 해야 한다. 그렇게 능동적인 자세를 지니며 꿈을 갖는 첫걸음을 내딛어야 한다.

내 꿈, 나아가 내 삶의 주인은 누가 뭐라 해도 '나'이기 때문이다. 스스로 기회를 주자. 지금 꿈이 없다고 해서 그 기회마저 포기하지 말자. 잠시의 여유라도 허용하지 않는 것보다는 사소한 경험이라도 스스로 집중할 수 있는 기회를 제공하자.

## 진로 길잡이 Q&A

### Q 꿈이 없어요

· · · · · · · · · · · · · · · · · · · · · · · · · · · · · · · · · · · · · · · · · · · · ·

너무 많은 것을 선택의 범위에 두지 마세요. 일단 내가 좋아하는 것을 따라가 보세요. 열정을 갖고 그것에 집중하다 보면 그에 대한 정보를 찾게 되고 점점 목표도 세분화될 거예요. 그러면 그와 관련되어 하고 싶은 일, 곧 꿈이 생길 거예요.

# 성적은 꼴찌지만 성공하고 싶어요

산을 움직이는 사람은 작은 돌맹이를 옮기는 일로 시작한다.
—공자(중국의 사상가)


사람은 누구나 성공을 꿈꾼다. 그 성공의 의미는 사람마다 다를 것이다. 누구는 경제적 부, 누구는 안정된 삶, 누구는 명예. 이렇듯 성공을 바라보는 가치와 평가는 모두 다르다. 하지만 이 모든 것은 하루아침에 우리에게 찾아오지 않는다.

성공은 열심히 노력하며 기다리는 사람에게 찾아온다.

—토마스 A. 에디슨

성공은 아무것도 하지 않은 사람에게는 찾아오지 않는다. 성공하기 위해서는 사과가 떨어지기를 나무 아래 누워 기다리기만 하면 되는 것이 아니다. 그렇지만 사람들은 쉽게 성공하고 싶어 한다. 또한 많은 학생들은 성공하기 위해 성적이 좋아야 한다고 생각한다.

성공의 의미를 살펴보자. 성공이란 무엇일까? 강의 때 질문을 하면 학생들 대부분 돈이라고 대답한다. "부자요!" 성공은 돈이라고 절대적인 정답인 것처럼 자신 있게 대답한다. 이렇게 경제적인 것에만 성공이라는 의미를 부여한다면 대부분 실패자라는 말인가? 함께하는 친구가 있으니 성공이라 말하는 사람도 있고 물질적인 것에 가치를 두는 사람도 있다. 이렇게 사람이 기준이 될 수도 있고 그 우선순위는 다 다르다. 따라서 나에게 '성공'은 어떤 의미인지 곰곰이 생각해봐야 한다.

강의를 할 때 초등학생들조차 성공하고 싶다는 말을 많이 한다. "저는 공부를 못 해서 어차피 안 돼요."라고 말하는 학생을 종종 보게 된다. 중고등학교에 가서도 학생들의 생각은 거의 비슷하다.

전 세계 성공한 사람들이 모두 전교 1등을 했었다는 이야기는 들어보지 못했다. 성적과 성공이 반드시 일치한다고 생각하는 시대는 지났다. 지금은 예전에 비해 직업이 훨씬 다양하고 범위도 굉장히 넓어졌다. 자신이 잘하는 것을 찾아 개발해서 돈을 많이 버는 사람들도 있다. 또는 스스로를 브랜드화해서 1인 창업을 하기도 한다. 우리 주변에 창의적인 직업 분야는 쉽게 찾아볼 수 있다. 음악이라는 분야만 봐도 굉장히 다양하다. 예전에는 가수, 작사가, 작곡가, 제작자, 매니저 등 시스템이 단순했다. 매니저는 자신의 가수를 홍보하기 위해 일일이 발로 뛰었다. 그리고 직접 방송 관계자들을 찾아다니며 자신의 연예인을 소개했다. 하지만 지금은 어떠한가? 크고 작은 기획사와 엔터테인먼트가 있다. 그 안에 홍보팀만 해도 대단히 크고 조직화되어 있다. 해외 홍보팀, 국내 홍보팀도 그렇게 나뉜다.

댄스, 작곡, 작사, 헤어, 이미지 메이킹, 매니저 등 그 파트도 굉장히 다양하다. 가수의 노래가 나오면 홍보 방법도 다양하다. 미디어를 통해 광고를 하고 이슈를 만들기도 한다. 이렇게 각 분야는 체계적으로 조직되어 발전했다. 이렇게 한 분야만 봐도 복잡하고 다양하지만 시스템은 조직적이고 단순하다. 세상은 이렇게 변했고 달라지고 있다. 예전과 같은 마인드로 세상을 바라보면 스스로만 멈추어 있는 것이다. 시대에 맞게 생각도 변해야 한다.


우리는 주변이나 방송에서 성공한 사람들의 이야기를 접한다. 프로그램에서는 그 주인공들의 학창 시절 성적을 꼭 보여주지는 않는다. 성공에 결정적인 영향을 끼쳤다면 아마도 소개했을 것이다. 그들을 성공으로 이끈 힘은 성적이 아니라 그들만의 특별함이었다. 그 특별함은 자신이 관심 있는 것, 그 사소한 발견을 놓치지 않았다. 그 특별함을 유지할 수 있었던 힘이 무엇인지 살펴보자.

첫째, 집중력이다. 자신이 원하는 것을 분명히 했다. 그리고 그 길을 향해 필요 없는 것들은 버릴 줄 알았다. 배우고 싶은 것이 있다면 그 시간을 위해 놀고 싶은 마음을 줄여야 한다. 만약 미디 음악을 배우고 싶다면 실용음악학원에 가든 누군가에게 배우든 독학을 하든 그 시간만큼 놀고 싶은 마음을 줄여야 한다. 그 시간이 가치 있다고 믿으면서 내가 원하는 것에 집중해야 한다.

둘째, 잠재력을 끌어내는 힘이다. 처음에는 해내지 못할 것 같은 일들도 결과를 보면 스스로 대견할 때가 있다. 내가 생각하는 것보다 나의 잠재력은 무한하다. 하지만 아직 발견을 못 했거나 개발을 못 하고 있는 것이다. 내 안의 무언가를 채워넣는 것이 아니다. 내 안에 가지고 있는 역량을 끄집어내는 방법을 공부해야 한다. '설마 내가', '내가 어떻게', '감히 내가' 같은 생각으로 스스로를 낮추지는 말자. 나는 매일매일 성장하고 있다. 그리고 앞으로 더 성장해갈 것이다. 긍정적인 생각으로 내 안에 잠자고 있는 잠재력을 깨우자.

셋째, 용기이다. 누구나 미래에 대한 두려움이 있다. 성공한 사람들도 마찬가지다. 하지만 그들에게는 어떤 시련이 닥쳐도 꿈을 포기하지 않은 용기가 있었다. 꾸준한 발전을 위해서는 용기가 필요하다. 그것이 그들의 평범한 삶을 뒤바꿔놓은 것이다.

넷째, 멈추지 않는 것이다. 도착점에서도 성공한 사람들은 계속해서 몰두하고 배워나갔다. 그 안에서 기회를 찾고 위기를 이겨나갔다. 멈추지 않아야 새로운 기회가 찾아온다. 항상 목표를 설정하고 계획을 세워야 한다. 그리고 그것을 실천하려는 의지가 필요하다. 이렇게 현 위치에서도 계속 성장해갈 줄 알아야 한다.

성공한 사람으로 이끈 것은 꼭 성적이 아니라 그들이 가지고 있는 역량이었다. 이 역량의 공통점은 자신에 대한 믿음이다. 자신에 대한 신뢰 없이는 불가능한 것이다. 나에 대한 신뢰는 자존감에서 나온다. 천천히 한 걸음씩 내딛는 것이 중요하다. 기둥 없이 집을 지을 수는 없다. 기둥을 튼튼하게 세워야 건물이 튼튼하게 완성된다. 내 기둥은 자존감이다. 자존감을 키우기 위해 걸음마부터 시작해보자. 먼저 작은 목표로 성취 경험을 만들어주자. 처음부터 목표를 크게 잡으면 실패 경험을 통해 자존감은 더 하락한다. 내가 지킬 수 있는 작은 일상의 목표를 세우는 것도 괜찮다. 목표가 가까워지고 있음을 느끼고 성취했을 때의 그 설렘을 기억해두자. 그렇게 나의 작은 성공 경험들을 쌓아가자. 이렇게 나의 기둥을 튼튼히 하고 내가 원하는 것을 향해 시간과 노력을 투자하자.

"노력은 배신하지 않는다."라는 말을 들어본 적이 있을 것이다. 위대함을 이루기 위해서는 당연히 쏟아 부어야 할 것이 많다는 말이다. 그것은 바로 땀과 눈물이다. 어느 누구도 자신의 성공이 쉽게 이루어졌다고 말하는 사람은 없다. 아무리 실패해도 몇 번씩 다시 시도하면서 느꼈을 마음의 고통 때문이다. 노력하지 않으면 내가 얼마나 멀리 갈 수 있는지 알 수 없다. 이는 마음속에 꿈만 간직한 채 꿈을 꺼내보지도 못하고 멈추게 만든다.

전문적인 지식을 요하는 직업에는 성적이 어느 정도 필요할 수 있다. 하지만 그것이 정확히 성공으로 이어지는지는 알 수 없다. 내가 자존감이 서 있지 않다면 작은 시련에도 쉽게 무너져 내릴 것이기 때문이다. 성적은 꼴찌여도 자존감이 튼튼한 사람은 자신의 역량을 키워서 꿈을 이룰 수 있을 것이다.

성공은 성적 그 이상의 의미이다. 성적은 꿈을 이루기 위한 과정의 일부일 뿐이다. 꼴찌라고 꿈조차 꿀 자격이 없는 것이 아니다. 성공은 자존감이 높은 사람에게 더 많은 기회를 준다. 나에게 작더라도 성공 경험을 느낄 수 있도록 많은 기회를 제공하자. 작은 성공 경험들은 나에게 긍정적 에너지를 쌓아줄 것이다. 분명 그러한 작은 성공 경험은 미래의 나에게 큰 성공의 성취를 안겨줄 것이다.

꼴찌도 성공할 수 있다. 지금 당장 가까운 목표부터 세워보자. 그것을 성취했을 때 그 기쁨을 나에게 선물해주자. 그것이 성공의 열쇠를 나에게 안겨줄 것이다.

## 진로 길잡이 Q&A

**Q 성공하려면 성적이 좋아야 하나요?**

. . . . . . . . . . . . . . . . . . . . . . . . . . . . . . . . . . . . .

성공에 필요한 역량을 키우는 것이 더 중요해요. 성공하기 위해서는 끝까지 이루려는 끈기와 열정이 필요해요. 그 일에 대한 확신과 나에 대한 믿음, 시련에 맞설 수 있는 자존감을 갖추는 것이 무엇보다 중요합니다.

두 번째
수업

입시 전략이 아닌
꿈 전략을 짜라

# 진로, 아는 만큼 보인다

움직인 만큼 귀중한 정보가 들어오고 성공 확률도 높아집니다.
－빌 게이츠(마이크로소프트 창업자)

　우리나라 직업의 수는 얼마나 될까? 2011년 기준으로 직업의 수는 11,655개이다. 그중에서 내가 아는 직업은 과연 몇 개나 될까?

　'지피지기 백전불태知彼知己 百戰不殆'라는 말이 있다. 상대를 알고 나를 알면 백 번 싸워도 위태롭지 않다는 뜻으로, 상대편과 나의 약점과 강점을 충분히 알고 승산이 있을 때 싸움에 임하면 이길 수 있다는 말이다. 진로도 마찬가지이다. 내가 아는 직업이 10개라고 치자. 그 안에서 내 직업을 생각해 볼 수밖에 없다. 그러면서 '내가 원하는 직업이 없네.'라며 아예 생각조차 안 하는 학생이 있다. 어떤 직업이 있는지, 전망은 어떠한지 인지하고 살펴보아야 한다. 직업은 아는 만큼 보이는 것이다. 직업의 수는 절대 불변의 수치가 아니다. 시대에 따라 사라지거나 새로 생겨나는 직업이 있다. 또한 시대별로 인기 있는 직업이 다르게 나타난다. 예를 들어 1960년대는 권투선수·서커스 단원·전화교환원, 1970년대에는 자동차 엔지니어, 1980년대 증권·금융인·카피라이터, 1990년대 프로그래머·벤처기업가, 2000년대는 커플매니저·회의전문가 등이 있었다. 이로써 시대의 흐름을 파악할 수 있다. 이 직업들 중에도 현재 존재하는 것과 사라진 것이 있다. 대표적으로 사라진 직업 중 하나인 버스 안내원을 보자. 왜 사라졌을까? 기술의 발달로 더 이상 인력이 아닌 기술로 대체가 되었다. 현재 버스 카드로 요금을 납부하는 방식이 하나의 직업을 대체한 것이다. 이처럼 다가오는 4차 산업혁명 속에서는 더 급속도로 단순노동은 자동화되거나 기술로 대체가 될 것이다.

   미래 유망 직업에 대해 강의를 할 때였다. 앞으로는 단순 인력이 더욱 시스템화되거나 그 필요를 로봇이 대신할 것이라고 설명한다. 그러면 학생들은 그럼 인간은 직업을 가질 필요도 없는 것이 아니냐고 되묻는다. 어차피 로봇이 다 할 것이니 말이다. 요즘에는 패스트푸드점에서 무인 주문기를 쉽게 볼 수 있다. 입장부터 직원이 없는 무인 스터디카페도 늘어나고 있는 추세다. 예전에는 사람이 주문을 접수했지만 지금은 주문기로 하거나 직접 주문해도 된다. 점차 무인 주문기는 늘어날 것이다. 그렇다면 주문 접수의 업무를 맡았던 사람은 무슨 일을 하게 될까? 좀 더 창의적이고 재미있는 일을 할 것이다. 즉, 자신의 가게를 위한 마케팅이나 홍보 등과 같은 일 말이다. 인간만이 할 수 있는 창조적이고 감성적인 일을 찾아야 한다. 이렇게 변화하는 시대를 인지하고 있어야 그에 맞는 범위에서 내 진로를 탐색하고 구체적인 직업을 선택할 수 있게 된다.

그렇다면 나에게 맞는 직업을 무엇일까? 사람들은 직업을 선택할 때 적성과 흥미, 수입, 안정성, 명예, 보람 등 제각각 자신의 기준으로 선택을 한다. 선택을 고려할 때 가장 높은 수치는 적성과 흥미였다. 2016년부터 자유 학기제가 많은 중학교에서 시행되었다. 나아가 교육부는 2018년부터 자유학기제를 자유학년제로 확대 시행한다는 계획을 발표했다. 이는 학생들이 충분한 진로 탐색의 시간을 제공하기 위한 것이지만 상담 오시는 부모님은 종종 불안해하신다. 부모님의 입장에서는 시험이 없으니 아이들이 노는 것 같다는 것이다. 학생들 또한 무엇을 해야 할지 막연해하기도 한다.

반대로 자유학년제를 학업에 몰두하는 기회로 활용하는 경우도 있다. 자유학년제가 시행되고 나서 학원을 평소보다 많이 다니니 더 힘들어졌다고 호소하는 학생들도 있다. 그 시간을 활용하는 방법은 제각각 다를 것이다. 그러나 요즘 청소년들은 자신의 진로를 진지하게 생각해볼 여유가 없어 보인다. 그것이 현실이다. 설문조사에서 대다수 성인은 직업 선택 시 가장 많이 고려해야 하는 점이 적성과 흥미라고 답했다. 우리는 그래야 한다고 알고 있다. 사람마다 직업 선택 시 고려해야 하는 점은 다르지만, 진로에 대한 고민이 우선이 되려면 나에게 충분한 시간을 주어야 한다. 진로는 어린 시절의 직업 체험 몇 번을 바탕으로 단번에 결정할 수 있는 것이 아니다. 같은 책도 읽는 시기와 속한 상황에 따라 다르게 느껴지고 다른 가치로 다가온다. 청소년기는 인생에서 신체적·정신적으로 변화가 가장 큰 시기이다. 그러므로 진로 탐색을 위한 시간을 잘 활용하고 그 시간을 통해 자아성찰의 기회를 갖자. 그래야 마음껏 진로를 고민하고 깊이 탐색할 수 있는 시야를 가질 수 있다.

2013년 하이네켄 회사는 면접을 볼 때 진짜 인재를 찾기 위해 돌발 상황을 만들어 대처 능력을 보았다. 갑자기 비상벨을 울려 지원자들에게 탈출을 하라고 지시했다. 건물 옥상에서는 누군가 떨어지기 직전의 급박한 상황이었고 소방대원들은 지원자들에게 도움을 요청했다. 위험한 상황 속에서 다들 당황하고 있었다. 이때 한 치의 망설임도 없이 뛰쳐나와 돕는 한 지원자가 있었다. 이것은 회사 측에서 면접을 위한 모의 상황을 연출하여 지원자들의 열정과 헌신을 확인하려는 것이었다. 회사 측은 지원자들의 영상을 담아 직원들이 투표하도록 하였다. 결과는 위기 상황에서 망설임 없이 뛰쳐나와 소방대원을 도운 사람이 1등이었다. 이제 회사는 그저 수동적으로 업무를 수행하는 사람을 뽑는 것이 아니라 열정을 가진 사람을 뽑는다는 것이다. 이렇듯 미래 인재상은 달라지고 있다. 따라서 청소년기는 숙제하듯이 조급하게 곧바로 미래 직업을 결정하는 것이 아니라 다양한 경험을 통해 자신의 적성과 흥미를 알고 직업 선택을 위한 기틀을 마련하는 시기여야 한다. 가정과 사회에서 청소년들이 다양한 진로를 사고할 수 있도록 개방적인 태도와 문화가 자리 잡아야 한다. 청소년들이 통합적인 사고를 할 수 있도록 자주적으로 소통할 수 있는 분위기를 조성해야 한다.

학교에서 진로 강의를 할 때 가장 보편적이지만 안타까운 것이 있다. 청소년들의 세상에 주축이 되는 것은 대학이라는 것이다. 분명 어쩔 수 없는 상황임을 안다. 그러나 현 시대는 변하고 있다. 만약 한 학생의 목표가 억만장자라면 오로지 틀에 박힌 사업 방식을 따르기보다 1인 콘텐츠나 미디어를 활용하는 등 다양한 루트(Route)를 탐색해보아야 한다.

그렇게 하기 위해서는 새로운 도전을 위한 용기와 창의력이 필요하다. 이러한 역량을 갖추려면 다양한 사고를 할 수 있는 허용적이고 편안한 상황에 놓여 있어야 한다. 또한 타인에 대한 공감과 이해, 자신의 생각을 주체적으로 표현할 수 있는 연습이 무엇보다 중요하다.

세상은 달라지고 있다. 시대가 요구하고 필요로 하는 인재상도 변화하고 있다. 진로는 생애 전체에서 '일'과 관련된 전반적인 활동이다. 청소년기에는 더 크게 더 멀리 보고 체계적인 탐색의 기회를 가져야 한다. 그러한 과정에서 시야가 넓어지고 자신을 객관적으로 볼 수 있는 기회와 여유를 주어야 한다.

진로는 아는 만큼 보인다. 청소년기의 모든 학생이 온전히 입시에 초점을 맞춰 시간을 소비한다면 각자의 개성은 묻혀버리고 서로 별반 다르지 않은 '같은 꿈'만 꾸게 될 것이다. 같은 시기라도 스스로를 위한 고민을 주체적으로 하고 나를 위한 공부법을 모색하지 않는다면 사회에 나와서 차별화되기 어려울 것이다.

앞으로 살아가야 할 시대와 직업의 변화를 인지하고 나를 창조하기 위해 고민하는 지금 이 시간을 가치 있게 만들자. 그래야 어떠한 세상이 와도 방황하지 않게 된다. 스스로 더 나은 진로를 위해 고민할 수 있는 힘이 생기기 때문이다. 조급하게 생각하지 말자. 청소년기는 평생의 진로 탐색을 위한 방법을 배워가는 시기이기 때문이다.

## 진로 길잡이 Q&A

### Q 4차 산업혁명에 중요한 것은 무엇일까요?

시대의 변화에 따라 미래는 생각의 유연성을 갖춘 창의적이고 글로
벌한 마인드를 가진 인재를 원합니다. 그러므로 전문적이고 소통할
줄 아는 사람이 되어야 하겠죠. 무엇보다 내가 가지고 있는 강점을
꺼내서 계발시키는 것이 중요해요.

## 2교시
# 내가 좋아하는 일, 잘하는 일

좋아하는 일을 하는 것은 자유요,
하는 일을 좋아하는 것은 행복이다.
－메리 울스턴 크래프트(영국의 작가)

평소에 자동차에 관심이 많고 기계 만지는 걸 좋아하던 한빈이는 고등학교 졸업 후 대학을 가지 않았다. 졸업 후 바로 작은 아빠가 운영하시는 카센터에 취업을 했다. 처음에는 대학을 다니는 친구들이 부럽기도 하고 자신의 선택에 불안함을 느끼기도 했다고 한다. 하지만 2년 후 자격증과 경험을 바탕으로 대학에 합격했다.

한빈이의 경우 자신의 진로를 관심 있는 분야로 시작했다. 그 안에서 꾸준히 자신의 발전을 위해 노력을 아끼지 않았다. 그 덕분에 지금은 자신의 더 커다란 꿈을 향해 나아가고 있는 중이다. 한빈이는 자신이 좋아하는 일을 먼저 찾은 경우이다.

고등학교 때부터 소정이는 자신이 좋아하는 가수의 팬클럽에 가입해서 열정적으로 임원까지 했다. 고등학교 내내 팬클럽 임원까지 하느라 공부할 시간조차 빼앗기고 말았다. 그렇게 대학을 들어갔지만 막상 졸업반이 되어서는 막막했다. 토익, 토플은 꿈도 못 꾸고 흔한 자격증조차 없었다고 한다. 대학 졸업 후 취업을 하려고 여기저기 원서를 넣어 봐도 매번 떨어지는 것에 익숙하던 차에 나에게 찾아왔다. 소정이의 이력서를 보니 소정이가 원하는 직장에는 경쟁력이 없어 보였다. 그래서 자기소개서를 다시 써오라고 했다. 살펴보니 소정이에게는 팬클럽 임원이라는 이력이 눈에 띄었다. 그래서 제안을 했다. 지금 청소년들의 팬심을 누구보다도 잘 아니까 그들에게 원하는 것을 줄 수 있을 것 같았다. 그 후 소정이는 연예기획사의 팬클럽 담당 마케팅 부서에 지원해서 합격했다. 역시나 소정이의 팬클럽 임원이었던 경험이 장점으로 작용했다고 한다. 결국 자신이 좋아하는 일로 진로를 찾은 것이다.

나에게 맞는 진로를 찾아 나가는 순서는 정해져 있지 않다. 중요한 것은 자신이 좋아하는 일을 찾는 것이 무엇보다 중요하다는 것이다.


고1인 다빈이는 자신이 좋아하는 일이 있는데 자신이 없다며 코칭을 받으러 왔다. 영상을 만들고 음악을 입히고 글을 쓰는 일을 할 때면 행복하다고 한다. 하지만 명문 외고에 다니고 있는 터라 부모님이 취미로 하라며 그 분야의 진로는 극구 반대하신다는 거였다. 부모님의 심정도 충분히 이해가 갔다. 하지만 다빈이는 취미가 아니라 음악 관련 분야로 구체적인 포부가 있었다. 다빈이처럼 자신이 좋아하는 일을 찾아도 환경을 설득해야 할 때도 있다. 구체적인 자신의 계획을 부모님께 알리고 충분히 상의한 후 다빈이가 현재 처해 있는 상황에서 무엇을 먼저 해야 할지 우선순위를 정하게 하였다.

또 의상 디자인을 좋아하는 고등학교 2학년 학생이 있었는데, 나에게 "취미생활에 열정으로 임하는 것이 어째서 세상 물정을 모른다는 말로 치부되어야 하는지 이해가 가지 않는다."라고 이야기했다. 이 말이 내게는 상당히 인상 깊었다. 영상을 좋아하는 학생, 노래를 좋아하는 학생, 그림을 좋아하는 학생, 로봇 조립을 좋아하는 학생. 취미에 열정을 쏟아붓는 시간 때문에 늦춰지거나 줄어드는 입시 공부 시간, 그로 인해 돌아오는 평가와 '아직 어려서 세상 물정 모르고 좋아하는 일만 한다.'는 시선. 어째서 입시 공부에 열중하는 아이는 현실적이며 그 외 분야에서 재능을 연습하는 아이는 추상적으로 인식하는가? 공부만이 대한민국의 현실인가? 아니, 질문을 바꿔서, 공부만이 아직도 대한민국의 현실인가? 진정으로 새 시대가 요구하는 스킬은 창의성과 공감 능력이다. '다름과 새로움'을 일깨울 수 있는 사회가 서서히 형성되어야 학생들의 창의성은 물론, 타인에 대한 이해 능력도 향상될 것이다. 창의성은 새로운 것, 즉 내가 해보지 않은 것을 시도해보는 것이다. 새로운 것이 쉽게 떠오르지 않으면 주변의 일반적인 테두리 안에서 벗어나 새로운 의견을 구상해보는 것부터 시작하자.

　내 진로를 위한 결정이 수동적인 경험을 통한 것이 아닌 자주적인 경험으로부터 우러나온 것이기를 바란다. 우리의 경험은 감정에 영향을 미친다. 부정적인 경험이든 긍정적인 경험이든 그 경험들이 쌓여 지금의 나를 만들어 냈다. 부정적인 경험만을 생각하고 거기에 머물러 집착하면 마음이 불편해진다. 우리는 내가 겪은 경험을 통해 삶을 바라보기 때문이다. 부정적인 경험이라도 그것을 긍정적인 시각으로 바꿔야 한다. '그래, 그럴 수 있어, 감정에 정답이 어디 있어, 내가 괜찮으면 됐어, 나는 최선을 다했어.'라고 스스로에게 말해주자. 기억하고 싶지 않은 경험이라도 내가 해석하고 바라보는 시점을 바꾸면 기분도 달라진다. 이런 생각의 변화는 기분을 편안하게 해주고 마음을 안정시켜준다. 더는 그 기억에 집착하지 않을 수 있도록 스스로 기분을 조절하는 것이다. 이것은 나의 감정을 풍부하게 해주고 남을 이해할 수 있도록 도와준다.
　이런 경험들을 통해 내가 관심 있어 하는 일이 무엇인지 생각해보자. 즐겁게 할 수 있었던 일이나 잘하는 일을 떠올려보자. 내가 선택하게 될 미래의 일은 좋아서 시작하든, 잘해서 시작하든 상관없다. 내가 좋아하는 일을 잘해서 경제 활동을 하는 사람은 행복한 사람일 것이다. 좋아하는 일은 잘할 수 있고 그것이 직업이 되면 결국 꿈을 이루는 과정으로 가는 것이기 때문이다. 그리고 꿈은 우리가 결국 행복해지기 위해서 꾸는 것이다.

좋아서 시작한 일도 그만두고 싶을 때가 있다. 잘해서 시작한 일도 힘들어질 때가 있다. 하지만 이 두 가지를 고려하지 않은 선택은 이보다 더 힘들어 질 수 있다. 좋아서 시작한 일은 그 일을 잘하게 만들면 된다. 잘해서 시작한 일은 그 일이 좋아하는 일이 되도록 성취감을 느끼고 성공 경험을 계속해서 만들어 내면 된다. 따라서 좋아하고 잘하는 일이 되기 위해서 꾸준히 노력해야 한다.

"누군가를 좋아하게 되는 건 간단하다. 하지만 계속 좋아하기 위해선 무던히 노력해야 한다."

─쇼펜하우어

내가 좋아하는 일도 계속 좋아하기 위해서는 노력을 멈추지 말아야 한다. 그래야 전문가가 될 수 있다. 자신이 좋아하는 일을 찾았다는 것은 참으로 행복한 일이다. 좋아하는 일은 다양한 시도를 해봐야 발견할 수 있다. 잘하는 일도 마찬가지이다. 아무것도 해보지 않고 생각만으로 저절로 알게 되는 것이 아니기 때문이다.

좋아하는 일과 잘하는 일 중에서 반드시 한 가지를 우선으로 선택해야 하는 것은 아니다. 진로를 찾아가는 데 좋아하는 일이나 잘하는 일을 한

트로 삼아 시작하는 것이다. 이 두 가지가 아닌 다른 가치를 바탕으로 진로 선택을 했다면, 그 일을 좋아하기 위해 더 많은 노력과 시간을 투자해야 할 것이다.

내 감정에 솔직해지자. 적절히 표현도 하자. 그래야 내가 진정 즐길 수 있는 일이 무엇인지 물어 볼 수 있다. 그리고 주변인의 도움이 필요하면 도움을 청하고 도움을 받자. 예를 들어 내가 소설가가 되고 싶은데 어떻게 해야 하는지 방법을 모르겠으면 주변 사람들에게 말해두자. 그러면 누군가 나에게 도움을 줄 수 있고 정보도 줄 수 있다.

꿈을 마음속에 숨겨두지 말고 자랑하자. 사람들에게 소중한 내 꿈을 당당히 말하자. 그러면 새로운 기회가 찾아오고 도전은 계속될 것이다.


## 진로 길잡이 Q&A

### Q. 좋아하는 일이 너무 많아요

행복한 고민이에요. 하지만 좋아하는 일을 계속할 수 있도록 노력하는 태도가 중요해요. 흥미가 유지될 수 있도록 스스로 꾸준히 동기 부여를 해주세요.

# 내가 가진 강점 찾기가 답이다

약점 보완보다는 강점 강화에 힘써라.
-벤자민 프랭클린(미국의 정치인)

"강점이 뭘까요?"

학교에서 강의를 할 때 질문을 하면 대부분의 학생은 이렇게 대답한다.

"피아노 잘 치는 것이요.", "축구요.", "노래요.", "그림 잘 그리는 것이요.", "춤 잘 추는 것이요."

이렇게 예체능만 강점이라고 생각한다.

그럼 예체능 말고 강점으로는 또 무엇이 있을까?

SAI 강점 검사에서는 20가지로 분류한다.

1. 정해진 규칙을 중요하게 여기고 따르는 규칙 준수

2. 리더십

3. 긍정적인 태도를 가진 낙관성

4. 타인과의 경쟁에서 이기는 것을 중요시 여기는 것

5. 바른 말과 행동을 하는 예의

6. 미래 지향성

7. 사람들과 친밀한 관계를 맺기 위해 사람을 대하고 어렵지 않아 하는 대인관계

8. 상대방에 대한 감정을 이해하고 돌보는 마음

9. 깊이 생각한 후에 말을 하는 신중함

10. 하고자 하는 것을 끝까지 해내려는 의지와 끈기

11. 신체 활동을 남들보다 쉽게 배우는 것

12. 자신의 신념으로 고통에 물러서지 않는 용기

13. 타인을 미소 짓게 하고 재미있는 분위기를 만드는 유머

14. 다양한 예술 활동에 대한 흥미와 관심을 갖고 자신만의 독창성을 지닌 예술성

15. 지적인 정보 습득이 빠른 지적 능력

16. 말을 잘하는 편으로 자신의 생각이나 감정을 쉽게 이해할 수 있게 전달하는 의사전달 능력

17. 자신의 욕구와 정서를 통제할 줄 아는 자기조절력

18. 배우고자 하는 열망이 강한 학구열

19. 진실한 마음으로 거짓말을 하지 않는 정직

20. 새로운 것을 시도하고 발견하는 능력인 창의력


위 강점 검사에서 제시한 강점의 종류를 보면 예체능 외에도 여러 가지가 있다. 지식에서부터 재능까지 그 종류가 다양하다. 강점의 사전적 의미는 남보다 우세하거나 뛰어난 점이다. 강점은 애써 노력하지 않아도 잘하는 것을 말한다. 모든 사람은 자신만의 재능을 가지고 있다. 이것은 내가 크게 성장하기 위한 가능성, 강점이다.

대부분의 학생은 스스로 잘하는 게 없다고 생각한다. 그러면서 친구의 강점은 무엇인지 적어보라는 활동을 하면 금방 써내려간다. 이렇듯 우리는 평소에 남에 대한 관심을 많이 가지고 있다. 하지만 자신에 대한 강점을 생각해보는 시간에는 무엇을 써야 할지 많이 고민한다. 이것은 나에 대해 잘 모르고 있다는 것이다. 나의 성장 가능성을 더 크게 키우기 위해 내 안에 숨어 있는 강점을 찾아내야 한다.


강점을 알면 좋은 점이 무엇인지 살펴보자. 첫째, 자신감이 생긴다. 둘째, 대인관계가 좋아진다. 셋째, 성적이 올라간다. 넷째, 자존감이 높아진다. 다섯째, 행복해진다.

예를 들어, 남들보다 노래에 재능이 있다는 것을 알게 되면 노래를 할 때마다 사람들 앞에 나서는 것이 두렵지 않게 된다. 사람들이 내 노래를 듣고 싶어 하고 매번 칭찬을 받기 때문이다. 노래로 인해 자신감이 생기는 것이다.

나에 대한 자신감이 생기면 더 넓은 이해로 사람들과 소통하게 된다. 그러면 대인관계도 좋아지게 된다. 내가 배우거나 배우고 싶은 과목을 열정적으로 할 수 있고 그 과목의 성적이 향상된다. 또한 열정적으로 계속 시도하면 성취감이 쌓이고 자존감이 높아지게 된다. 결국 내적인 모든 것이 골고루 편안함을 찾게 되고 행복을 느끼게 된다.

강점은 생활에서 스스로 찾아낼 수 있다. 무언가를 배울 때 습득하는 속도가 빠르다면 그 무언가가 강점이 될 수도 있다. 가령 운동을 전혀 배우지 않았는데도 빨리 배우고 익히는 사람들이 있다. 이런 사람들은 운동 신경이 타고난 것이다. 이건 그 사람의 강점이다. 공부를 하면서 배우지도 않은 새로운 방식을 응용하고 변화에 대한 다양한 시도를 하는 것도 그 사람의 강점이다.

고2인 정연이를 코칭할 때였다. 부모님은 정연이가 성적이 너무 안 나와서 무조건 성적에 맞는 학과에 보내야 한다며 실기가 없는 대학의 미대나 바로 취업을 할 수 있는 학과를 선호하셨다. 하지만 정연이는 연기를 하고 싶어 했다. 진로탐색결과 연기 관련 일을 하는 것이 정연이의 적성과도 맞았다. 하지만 부모님은 불안한 일이라며 안정된 학과를 가야한다고 정연이의 의견은 아예 들을 생각조차 하지 않으셨다. 수학 성적이 안 나온다고 답답해하시면서 고액의 수학 학원을 계속 보냈다. 고2인 혜연이는 수학 학원을 다니면서도 수학 점수는 늘 10점 내외라고 했다. 왜 수학 학원을 보내는지 묻자 당연히 성적이 안 나오니까 보낸다고 답했다. 당시 고2, 2개월만 있으면 고3으로 시기와 성적에 따라 전략을 짜야하는 시기였다. 그런데 무조건 점수 안 나오는 과목에 매달리는 것은 효율적이지 못했다. 집중과 선택이 필요했다.

우선 정연이가 하고 싶어 하는 분야의 학과 성적들을 분석해 보았다. 그리고 졸업 이후 진로를 알아보았다. 정연이는 꼭 배우가 아니어도 관련 일을 하고 싶다고 했다. 어차피 현재 정연이는 수학 학원을 다니면서도 학업에 대한 의지도 없었다. 생활에 대한 무기력 정도도 이제는 익숙해진 듯 보였다. 그래서 자신이 좋아하는 것을 배우면서 삶의 생기를 찾는 것이 더 우선이었다. 점수 10점 내외인 수학 학원을 계속 다니는 것보다는 차라리 그 시간에 연기 학원에 등록해서 관련 입시를 준비하는 것이 효과적이었다. 그래서 고2 겨울방학에 입시생을 위한 연기 특강 반에 등록을 권유했다. 이후 정연이는 한층 밝아진 모습으로 연락을 해왔다. 예전에는 볼 수 없었던 자신감도 생겼다. 입시를 떠나 지금 배우는 것이 너무 좋고 고등학교 생활 중에서 요즘이 제일 행복하다는 것이다.

1년이 지난 후 정연이는 연기 관련 학과에 합격을 했다. 만약에 고2 겨울 방학을 앞두고 계속 가던 길을 갔다면 어떠했을까? 학습에 전혀 관심도 없고 생활에 자신도 없었던 삶을 살고 있었던 그 길을 계속 걸어갔다면 지금과는 전혀 다른 모습일 것이다. 자신이 좋아하는 것을 공부해 나가면서 스스로 자신의 강점을 알게 되었다. 그리고 그것이 진로와 연결됐을 때 행복함을 느끼게 된 경우였다. 정연이는 수학이라는 자신만의 약점만 바라보고 있었다. 점수가 하위권이었으니 더 위축될 수밖에 없었다. 자신감이 떨어진 것이다. 하지만 자신의 강점을 찾아 집중하니 자신감이 생기고 삶의 활력을 찾을 수 있었다.

사람들은 자신이 잘 못 하는 것에 오히려 집중하면서 살고 있다. 그러면서 자신감을 하락시키고 자신이 불행하다고 느끼기까지 한다. 만약 과목들 중에서 영어가 제일 성적이 낮고 수학을 잘하면 우리는 영어에 더 집중을 하게 된다. 그게 보통 우리의 생각이다. 하지만 잘하는 수학에 더 집중하면 더 잘할 수 있게 되어 자신의 강점 과목이 되는 것이다. 대신 영어는 포기하는 것이 아니라 관리를 해주어야 한다.

강점은 나의 가능성을 더 멀리 이끌어줄 힘이다. 그러므로 약점만 바라보지 말고 강점에 집중하자.

진로 길잡이 Q&A

**Q. 목표만 세우고 실천이 잘되지 않아요**

. . . . . . . . . . . . . . . . . . . . . . . . . . . . . . . . . . . . . . . . . . . . .

막연해서 무엇을 해야 할지 모르는 거예요. 구체적인 계획을 세워보
세요. 그리고 끈기를 가지고 실천해보세요. 명언이나 스스로의 약속
을 눈에 잘 보이는 곳에 붙여두고 항상 스스로 동기부여를 해주세요.

## 4교시

# 강점 관련 동아리 활동을 즐겨라

거룩하고 즐겁고 활기차게 살아라. 믿음과 열심에는 피곤과 짜증이 없다.
—어니스트 핸즈

고등학생이 되면 새 학기에 동아리 신입생을 모집하는 홍보 문구를 보게 된다. 혹은 동아리 선배들이 쉬는 시간에 각 반을 돌며 자신의 동아리를 소개하러 다닌다. 새 학기에 어느 학교에서나 흔히 볼 수 있는 광경이다. 호기심에 여러 동아리의 면접을 보러 다니기도 하고 친구 따라 같은 동아리에 지원하기도 한다. 이렇게 지원한 동아리에 들어가서 학년이 올라가도 계속 이어가는 학생도 있고 중간에 그만두는 학생도 있다. 그만두는 학생에게는 여러 가지 이유가 있을 것이다.

고2 혜천이는 친구 따라 연극반에 들어갔다. 2차까지 면접을 통과하면서 합격했다. 그런데 사람들과 함께 어울려서 연습하고 조율해야 하는 상황이 자신의 성향과 맞지 않았다. 자신의 주장이 강하고 혼자 몰두하는 것을 좋아하는 혜천이에게는 이런 상황이 스트레스였다. 오히려 아이디어를 내고 기획하는 것에 소질이 있어서 프로듀서 쪽에 더 관심이 많았다. 결국 1년 후에 동아리에서 탈퇴했다. 그리고 언론 동아리에 다시 들어갔다. 언론 동아리는 자신의 흥미 이상으로 역량까지 표출하는 계기가 되었다.

예림이는 생활기록부에 기록할 목적으로 흥미도 없고 시간도 많이 뺏기는 경제 동아리에 들어갔다. 정작 자신의 진로와 관련된 활동을 할 수 있는 시간조차 없었다. 그러나 예림이는 생활기록부에 지적인 동아리가 하나쯤은 있어야 한다는 생각에 꿋꿋이 억지로 동아리 활동에 임했다. 결국 생활기록부에 기록할 자리가 모자라 경제 동아리 외 자신의 진로와 관련된 활동은 작성하지 못했다.

고등학교 신입생인 찬희는 앞으로의 학교 생활에 잔뜩 부푼 마음을 안고 순식간에 동아리 열댓 개에 가입했다. 진로가 명확하지 않아 여러 동아리에 가입하는 것이 도움이 될 거라 생각했다. 그러나 많은 활동 때문에 점차 학업보다는 동아리에 집중하게 되었고, 턱없이 부족한 시간에 성적이 떨어지는 것은 한순간이었다. 그러나 막상 나오려고 보니 농구 동아리부터 우주 비행, 수학, 문예 동아리까지 찬희의 발목을 붙잡고 있었다. 결국 어디를 탈퇴해야 할지 감조차 잡지 못해 잠을 줄여가면서 동아리 활동에 임했다. 결국 학기말 생활기록부란에 모든 동아리를 기록할수 없어 명확한 진로와는 관련 없는 애매한 활동을 이것저것 적을 수밖에 없었다.

입시에 도움이 되기 위해 무작정 동아리만 많이 드는 학생들이 있다. 자신의 진로와 상관없는 개수를 아무리 많이 들어봐야 자신이나 입시에 도움이 되지 않는다.

A라는 학생은 자신의 생활기록부에 사회, 과학, 문예, 춤 동아리에서 활동했고 국가안보융합학부에 지원을 했다. 그러면서 여러 동아리를 해봤다는 것을 강조했다.

한편 B라는 학생은 평소 책 읽는 것을 좋아해서 독서 토론 동아리에 가입을 했다. 그 안에서 다양한 분야의 책을 접하게 되었고 관심이 같은 친구들끼리 모여 주1회 토론을 했다. 그 과정에서 사회 소외 계층에 대한 책을 읽게 된 것이 계기가 되어 관련된 사회봉사 활동을 다니게 되었다. 사회적인 문제와 제도에 깊은 관심을 쏟아 어떤 책을 인상 깊게 읽었다. 그래서 사회학에 대한 학문을 더 공부해보고 싶은 마음에 사회학과를 지원하게 되었다. 이런 스토리를 만든 B는 자신의 강점을 동아리와 진로로 연결했다

## 누구의 생활기록부가 더 인상 깊은가?

흥미 있는 동아리에 가입해서 자신의 역량을 더 발휘하는 경우도 있다. 혹은 입시에 도움이 될 만한 동아리라 생각하고 무작정 가입했는데 오히려 나에게 도움이 되지 못한 경우도 있다. 무리해서 동아리에 현실적인 욕심을 낸다면 오히려 역효과가 나타날지 모른다. 시간은 시간대로 허비하고 진로에 도움도 되지 않을 것이다.

그럼 진로에 도움이 되는 동아리는 어떤 것일까? 동아리 이름이 중요한 것이 아니다. 그 안에서 내가 어떠한 활동을 하고 적극적으로 참여했는지의 여부가 중요하다. 자신이 좋아하는 동아리 내에서 여러 시도에 적극 참여하는 태도가 우선이다. 좋아하는 것을 시도해서 성과를 이루어내면 잘하는 것이 된다. 그것이 강점이 되어 나의 진로와 연결이 되는 것이다. 적어도 자신이 조금이라도 관심 있는 분야에 들어가서 다양한 활동으로 경험을 쌓아야 한다. 그 경험으로 이전에 미처 모르고 있었던 내 강점이 개발될 수도 있기 때문이다.

동아리가 우리에게 주는 의미를 살펴보자. 학교 동아리는 학교 생활 외에 다양한 활동을 경험하는 기회를 제공하는 것이다. 그래서 긍정적인 경험을 쌓고 삶의 활력소를 내면 건강한 청소년기를 보낼 수 있는 것이다. 직장인이나 주부 중에도 다양한 자신만의 동아리 활동을 즐기는 사람들이 있다. 그 목적은 생활에 활력소를 얻기 위함이다. 관심 분야가 비숫한 사람들을 만나고 소통을 하며 내 생활에 긍정적인 에너지를 만들어 나간다.

　누군가 내게 관심도 없는 이야기를 끊임없이 하는데 그 사람과 대화를 해야 한다면 그 시간은 고통의 시간일지 모른다. 하지만 나와 상대방이 서로 관심 있는 이야기를 주고받으면 시간이 가는 줄 모르고 대화를 하게 된다. 이 시간은 지루한 일상에서 벗어난 자유로운 힐링의 시간이다. 성인이 되면 자신이 하기 싫은 동아리에 억지로 가입하는 사람은 드물다. 또한 어떠한 목적을 두고 그 효과를 생각하며 가입하지 않는다는 것이다. 같은 관심을 가진 사람과의 소통 그 자체가 생활에 즐거움을 주기 때문이다. 이 즐거움은 내가 하는 일을 더 잘할 수 있게 해주는 원동력이 된다.


　사람은 일만 하면서 살 수 없다. 삶의 다른 분야도 개척해야 한다. 가족, 친구, 다른 주변 사람과의 관계도 내면의 성장을 돕는다. 삶은 어느 한 분야가 무너지면 균형이 깨진다. 학교나 성적은 내 삶의 균형을 위한 전체의 일부이다. 그러나 내 삶의 전부인 것처럼 모든 것을 거기에 집중하면 내 삶에 균열이 생기기 시작한다. 즐기기 위한 무언가 있어야 한다. 학교에서의 동아리는 청소년기에 균형 있는 삶을 위해 즐기기 위한 것이어야 한다. 하지만 간혹 동아리를 입시의 스펙을 위한 도구로 생각하는 경우가 종종 있다.

동아리는 스스로에게 기회를 주는 장이다. 그 안에서 나의 가능성을 찾는 것이어야 한다. 동아리 내에서의 여러 활동과 경험은 삶의 활력소가 되어야 한다. 그것이 발전되어 나의 진로와 연결이 된다면 금상첨화이다. 내가 좋아하거나 강점과 관련된 동아리를 가입하자. 그 안에서 같은 관심사를 가진 친구들을 만나 나의 강점을 더 발전시키자. 취미에 몰두하다 보면, 그 안에서 진로와 관련된 흥미를 발견할 수도 있다. 그러면 애써 진로와 연결 짓지 않아도 자연스럽게 그 진로와 연결될 수밖에 없다. 내 삶의 균형을 위해 동아리 활동을 마음껏 즐기자.

## 진로 길잡이 Q&A

> **Q. 동아리를 꼭 들어가야 할까요?**
>
> ....................................................
>
> 동아리는 생활의 활력소를 위해 필요해요. 단 관심 있고 즐길 수 있는 동아리를 들어가야 합니다. 오직 생활기록부를 위한 동아리 선택은 오히려 스트레스만 줄 수도 있으니까요.

## 5교시

# 시간과 환경을 효율적으로 써라

시간을 지배할 줄 아는 사람은
인생을 지배할 줄 아는 사람이다.
-에셴바흐(독일의 시인)

영우는 중2 때 반에서 제일 수학을 잘하는 친구와 단짝이 되었다. 그 친구는 수업이 끝나면 늘 학교 근처 도서관으로 향했다. 수학 성적이 좋지 않았던 영우는 그 친구와 함께 공부하면 자신도 수학을 잘할 수 있을 거라는 기대를 품게 되었다. 그래서 영우 역시 수업이 마치는 대로 무작정 친구를 따라 도서관에 갔다. 생각과는 달리 도서관에만 가면 뜻대로 공부가 되지 않았다. 매점에 가서 라면을 먹고 자리에 돌아오면 졸음이 쏟아졌다.

졸지 않으려 매점도 내려가지 않았다. 마음을 다 잡고 그저 친구를 따라 오래만 앉아 있었다. 물론 책상에서 공부만 하지는 않았다. 연습장에 그림을 그리거나 핸드폰을 하면서 앉아 있는 시간의 절반 이상을 무의미하게 보냈다. 결국 성적은 예전과 아무 변화가 없었다.

## 책상에 오래 앉아 있으면 공부를 잘하게 될까?

중3 지환이는 매일 학원에 다니는 것은 물론 자유 시간에도 열심히 공부하는데 성적은 그대로라며 답답해했다. 학습 전략 검사를 해보니 시간 환경관리 전략이 다른 영역에 비해 눈에 띄게 낮았다. 또한 부정적 정서와 무기력이 다소 높게 나왔기에, 일단 심리적인 원인을 먼저 살펴보았다. 아무리 자신만의 전략을 세운다고 해도 심리적으로 안정되어 있지 않으면 모래 위에 성을 쌓는 것과 같기 때문이다. 지환이는 학원에서 집에 도착하면 일단 자고 싶다고 한다. 하지만 그날 공부는 그날 마쳐야 한다는 강박관념이 있어서 졸면서도 책상에 앉아 있는 것이 마음 편하다고 한다. 그러면서 매일 똑같은 일상에 답답하고 머리가 아프다고 했다. 지환이의 평상시 스케줄을 살펴보니 이는 성실한 학생의 전형적인 일상과 다름없었다. 지환이는 오후 10시 학원을 마치고 집에 도착한다. 간식을 먹고 책상에 앉아서 공부를 하기 시작한다. 그리고 새벽 2-3시경 자고 아침에 겨우 일어나 씻는 둥 마는 둥 하고 등교한다.

SDS 진로검사 결과, 지환이는 사회형이면서 예술적인 성향을 가지고 있는 학생이다. 사람에게 관심이 많은 사회형이면서 틀에 박힌 것을 힘들어하는 예술적 성향이다. 일단 아이는 자신에게 맞지 않는 일과를 매일 해야 하니 답답함을 느끼는 것이었다. 거기에 성적도 오르지 않으니 스트레스로 인한 두통까지 찾아오게 되었다.

지환이가 집중이 잘되는 시간대는 새벽 시간이라는 것을 찾아냈다. 공부가 잘되는 장소는 거실이나 도서관이었으며, 사람이나 소음이 조금 있는 곳에 학습 환경이 마련되어야 안정감을 느끼고 집중이 잘되는 성향이었다. 또한 오랜 시간 집중하는 것이 어렵기 때문에 40분 정도 학습하고 쉬어주는 것이 좋다. 짧은 시간을 여러 번 반복해 학습 시간을 활용해야 집중이 잘되는 케이스였던 것이다.

영우는 친구를 따라 무작정 도서관에 다녔지만 성과는 없었다. 친구는 오랜 학습 시간을 소화할 수 있는 지구력을 갖춘 학생일지 모른다. 하지만 영우는 학습 시간을 쪼개서 여러 번 학습하고 쉬어야 하는 성향이었던 것이다. 지환이 역시 자신의 학습 성향을 모른 채 무작정 같은 학습을 반복하다가 스스로 무기력에 빠져버린 경우였다.

나는 오전 9시부터 이메일을 체크하고 업무를 보기 시작했다. 오후에 잠이 몰려오면 커피를 마시면서 일을 이어나갔다. 그러다가 강의가 몰리는 시기가 있었고, 강의 준비를 할 시간을 쪼개서 새벽 4시에 일어나기에 이르렀다. 막연히 졸려서 힘들고 무기력할 거라 생각했는데 막상 해보니 그 시간은 나에게 집중력 최고의 시간이었다. 문자나 전화 없이 누구에게도 방해받지 않고 오롯이 나에게 집중할 수 있는 선물 같은 시간이었던 것이다. 그 후 나는 새벽 4시부터 7시까지 강의 준비와 원고를 쓰고, 7시부터 아침 식사와 운동을 했다. 여러 시행착오 끝에 내가 가장 집중이 잘되는 시간을 찾아 낸 것이다. 하지만 누구나 새벽 시간대가 잘되는 것은 아니다. 늦은 밤에 집중이 잘되는 사람도 있다. 자신에게 잘 맞는 시간대를 활용해 짧은 시간이라도 집중하는 것이 중요하다. 같은 학습량이라도 집중도에 따라 습득할 수 있는 양이 달라지기 때문이다.

영화 〈더 킹〉에서 조인성이 연기한 박태수라는 인물을 보면 그의 학습 성향을 알 수 있다. 태수가 수업을 마치고 집으로 돌아오니 아버지가 누군가에게 심하게 구타당하고 있다. 아버지를 때린 사람이 검사라고 하자 말리기 위해 나서지도 못한다. 그날 이후 태수는 검사가 되기로 결심한다. 공부라고는 해본 적 없어 무작정 열심히 하지만 생각처럼 잘되지 않아 고민에 빠진다. 어느 날 친구들과 함께 롤러스케이트장에 가게 되고 그곳에서 우연히 책을 보니 머리에 쏙쏙 들어오는 것이다. 음악이 나오고 사람이 많은 복잡한 장소가 태수의 성향에는 잘 맞았던 것이다. 물론 어디까지나 영화이니 상황의 과장은 있을 테지만 그렇게 태수는 자신이 원하는 대학에 합격하게 된다.

공부 환경이란 주로 공부하는 장소에서 집중에 도움이 되는 정도 혹은 집중에 방해되는 자극을 스스로 차단하는 능력을 말한다. 조용한 곳에서만 공부가 잘된다고 생각하는 것은 고정관념에 불과하다. 반드시 공부는 책상에서만 해야 하는 것도 아니다. 성향에 따라 침대에서 뒹굴뒹굴하며 할 수도 있다. 사람에 따라 독서실이 잘되는 사람도 있고 밀폐된 공간이 아닌 도서관에서 집중력을 끌어올리는 사람도 있다. 내 학습 역량을 높이기 위해 나의 학습 스타일에 맞는 환경이 어떠한 것인지 스스로 찾아내야 한다.

고등학교 1학년인 지현이는 전교생 기숙사 시스템인 학교에 재학 중이다. 시험 기간만 되면 고민이 많다고 한다. 본인은 공부를 할 때 말하면서 해야 이해가 쉬운데 룸메이트에게 피해가 되기 싫어 눈으로만 보면서 공부한다. 그래서 이런 환경이 스트레스로 다가왔다. 수업 후 집으로 갈 수 있는 일반 고등학교로 옮겨야 하는지 고민이 될 정도였다. 견딜 수 없는 학업 스트레스 때문인지 평소 좋지 않았던 허리 통증도 더 심해졌다. 더욱이 방과 후 전체 학생이 도서관에서 자율학습하는 시간은 숨이 막힐 것 같다며 힘들어했다. 부모님에게 말씀을 드려봤지만 다른 학생들이 다 공부하는 시간에 홀로 뒤처질 수는 없다고 하셨다. 도서관에서의 조용한 학습 분위기도 중요하다고 반대하셨다. 그래서 부모님께 지현이의 성향과 아이에 맞는 효율적인 학습 환경을 설명해드렸다. 이후 지현이는 자율학습 시간에 기숙사 방으로 들어와 혼자 소리 내면서 공부를 했다. 그러니 훨씬 학습 효과도 좋아지고 예전보다 더 밝아졌다. 또한 지현이는 허리 통증이 있어서 오랜 시간 도서관에서 다른 학생들처럼 자율학습 시간 내내 버티기에 무리가 있었을 것이다. 자신의 학습 성향대로 움직이고 소리를 내면서 공부할 수 없는 환경도 건강에 영향을 주었을 것이다. 스트레스를 받으면 우리 몸에서 가장 약한 부분이 먼저 반응하는 경우도 있으니 말이다.

동물의 왕국을 보자. 달려야 하는 말을 우리에 가두고 평생 지내야 한다면 그 말의 건강 상태와 성격이 어떻게 변할까? 육식 동물인 사자에게 풀만 먹이면 사자의 성격과 건강은 또 어떻게 바뀌게 될까? 사람도 자신의 성향에 맞는 환경을 제공해주어야 한다. 공부 환경도 그렇게 마련해주어야 집중력이 높아지는 것이다.

시간은 누구에게나 24시간으로 공평하지만 그 시간을 어떻게 사용하느냐에 따라 삶은 다른 결과를 내게 된다.

내가 집중이 잘되는 나만의 시간을 살펴보아야 한다. 그래서 나에게 주는 최고의 환경을 찾아내고 시간을 잘 계획해야 한다. '나는 왜 집중이 안 될까?' '나는 왜 오랜 시간 공부하는데 성적이 오르지 않을까?' 이런 생각만 해서는 그 원인을 알아낼 수 없다. 여러 가지 시도를 해보고 가장 나에게 잘 맞는 시간 환경을 알아내자. 그래야 최대치의 성과를 끌어올릴 수 있다.

## 진로 길잡이 Q&A

Q. 공부 잘하는 친구 따라 공부했는데 왜 저는 성적이 안 오를까요?

사람마다 공부법은 다 달라요. 친구의 방법은 참고만 하세요. 나에게 맞는 공부 환경과 집중이 잘되는 시간, 기억 전략, 이해 전략 등을 찾아보세요. 그렇게 나만의 공부법을 알아야 합니다.

## 6교시

# 나만의 자원을 활용하라

새로운 문제를 해결하기 위해
눈, 귀, 입을 사용해 정보를 모으고 팔다리를 움직여 행동하는 것이
뇌의 힘을 키운다.
―구보타 기소(일본의 뇌과학자)

나는 10대 시절, 교실에 눈에 띄지도 않는 조용한 학생이었다. 모르는 것이 있어도 아는 척 고개를 끄덕거렸다. 초등학교 5학년 때 한번은 사회 시간에 너무 궁금한 것이 생겼다. '땅은 똑같은 땅인데 왜 나라마다 언어가 다를까?'라는 질문이 머리를 떠나지 않았다. 소심한 나였지만 큰 마음 먹고 쉬는 시간 선생님에게 다가가 질문을 했다. 하지만 담임 선생님은 "그런 건 네가 몰라도 된다."라며 화를 내셨다. 창피하고 무안했다. 이후 나는 궁금한 것이 있어도 질문은 아예 하지 않았다. 당시에는 인터넷이 없었다. 모르는 것을 물어보고 싶어도 스스로 책을 찾아보거나 적극적으로 누군가에게 물어보지 않으면 알 수 있는 길이 없었다. 지금은 정보가

홍수인 시대다. 누군가에게 물어보기 전에 이제는 알고 싶은 것을 쉽게 찾아볼 수 있다. 그러므로 매일 쏟아져 나오는 정보 속에서 오히려 정보를 잘 선택하는 방법을 알아야 한다.

호기심이 많은 6학년 현석이는 책을 읽다가 흥미 있는 분야가 나오면 더 찾아보고 알고 싶어 했다. 적극적인 성격인 현석이는 그 분야의 전문가에게 메일을 보내기도 한다. 그렇게 질문하고 알아보면서 관심 분야인 천문학에 더 깊이 다가갔다. 6학년 초등학생이 메일을 보내니 책 저자는 기특했는지 답장에 추천 도서도 함께 보내주었다. 이런 방식으로 자신의 학습을 확장해나갔고, 결국 과학 고등학교에 입학했다. 지금은 관심 분야의 학문에 호기심을 채워가는 중이다. 현석이는 메일이나 인터넷을 활용하여 전문가에게 질문하는 방식으로 자신의 학습 환경을 만들었다.

진로 강의 때 만난 고1 상미는 친구들과 영상 만들기 동아리를 만들었다. 서로 영상을 만들다 어려운 점을 공유하고 새로운 프로그램은 서로 가르치며 배우기도 했다. 자료를 만들고 분석하며 토론하는 과정이 재미있다고 한다. 동아리 내에서 자신의 이런 강점으로 진로를 찾아간 선배들도 있다고 한다. 이렇게 관심사가 같은 친구들과 서로 모르는 것을 주고받으며 자신이 관심 있어 하는 분야를 알아갔다. 또한 학습 자원을 활용하는 방법은 또래 친구들, 교사, 인터넷, 참고자료 등 다양하다. 그 안에서 나에게 잘 맞는 방법을 찾아가야 한다.

아이들도 자신의 성향에 맞게 노는 것이 뚜렷이 나타난다. 탐구심이 많은 아이는 혼자 하는 놀이에 더 집중하며 여러 가지 시도를 한다. 또래와 어울리기를 좋아하는 아이는 계속 이야기하며 역할 놀이를 주도하기도 한다. 움직임을 좋아하는 아이는 여기저기 뛰어다니며 신체 활동을 한다. 이렇게 우리도 어린 시절에는 내 성향에 맞는 방식으로 궁금증과 호기심을 채워가며 놀이를 했다. 하지만 언제부터인가 우리는 학년이 올라갈수록 똑같은 방식으로 학습했다.

작년 여름 중2 주연이 엄마는 친구 딸이 이번에 인터넷 강의로 성적이 올랐다고 하니 주연이도 학원을 끊었다고 한다. 주연이가 학원에 다녀도 성적이 안 오르는데 왔다 갔다 시간만 허비하는 것 같은 생각이 들었다고 한다. 그런데 2학기 중간고사는 성적이 더 떨어졌다며 상담을 오셨다. 검사를 통해 주연이의 성향을 살펴보니 주연이는 진취성과 사회성이 높은 아이였고 성격도 굉장히 활발한 친구였다. 이런 성향의 학생은 토론식 수업이나 학원에서 수업을 하는 것이 더 잘 맞는다. 다른 친구들과 수업을 하면서 긴장을 유지할 수 있다. 적당한 긴장감은 집중력을 높여주는 효과가 있다. 또한 사람들과 함께 공부하면서 스스로 동기부여의 필요성을 느끼기도 한다.

반대로 중2 태우는 인터넷 강의가 더 잘 맞는 경우였다. 초등학교 때부터 학원만 다니던 태우는 6학년에 들어서 인터넷 강의를 듣기 시작했다고 한다. 학원에서 진도가 나갈 때 모르는 것이 있어도 부끄러워 질문을 못 했지만, 인터넷 강의를 들을 때는 모르는 것이 나오면 반복해서 들으면 되니 이해하는 데 도움이 됐다고 한다. 태우는 인지적 측면에서 이해 전략이 부족한 편이었다. 하지만 한번 이해하는 데 좀 시간이 길어져서 그렇지, 한번 이해만 되면 어려운 문제도 쉽게 풀 수 있었다. 주변에서 늦는다고 걱정할 수는 있지만 성향이 다른 것이기 때문에 조급해 할 필요가 없다.

그럼 나는 나에게 맞는 학습 자원을 얼마나 잘 활용하고 있을까? 스스로 현재 상황을 점검해보아야 한다. 나는 친구들과 서로 자료를 공유하면서 학습하는 게 더 재미있는지, 혼자서 궁금한 것을 찾아보면서 하는 것이 더 편안한지 알아야 한다. 그렇지 않으면 친구들에게 떠밀려 시간만 낭비하게 된다. 내가 혼자 스스로 호기심을 채워 나가는 탐구형이라고 가정하자. 그런데 내 친구는 사람들과 함께하는 모둠 활동이 더 효과적인 사회형이다. 그런데 탐구형인 내가 사회형인 친구에 이끌려 같이 공부하러 다닌다면 과연 효과가 있을까?

예를 들어 나는 무작정 친구 따라 도서관을 다녔다. 그 후에 친구들과 단원별로 정리해서 요약하고 정보를 공유하기도 했다. 그것이 시간을 절약하는 것처럼 보였다. 하지만 다 나에게는 맞지 않았다. 나는 요약하고 정리하는 것이 맞지 않았다. 당시는 컴퓨터가 없었기 때문에 일일이 손으로 쓰면서 정리해야 했다. 하지만 다른 친구들처럼 꼼꼼히 색색 펜을 써가며 보기 좋게 정리하는 게 더 부담스러웠다. 그래서 결국 스트레스만 받다가 모임에서 나왔다. 연습장에 깜지 쓰며 외우는 것도 답답해했던 나는 문방구에서 커다란 전지를 사왔다. 전지에 그 단원에 맞는 큰 주제를 적었다. 그리고 일단 내가 알고 있는 지식들의 단어들을 적어놓았다. 그렇게 하면 내가 무엇을 모르는지 한눈에 들어온다. 그리고 구체적인 내용은 책을 찾아 써 나갔다. 그렇게 몇 번을 반복하다 보면 굳이 깜지를 쓰면서 외우지 않아도 자연스럽게 암기가 되었다. 지금도 나와 성향이 비슷한 친구들에게 이런 방법을 추천한다. 그렇게 나만의 공부법으로 시험을 준비하니 스트레스도 덜 받고 성적도 더 잘 나왔다. 내가 계속 그 모임에 있었다면 나는 성적도 안 나오고 시간만 허비했을 것이다.

사람마다 각자 처한 환경은 다르다. 만약 인터넷이 잘되지 않는 나라에서 인터넷 강의를 수강한다면 한계가 있을 것이다. 그럴 때는 주변의 선생님이나 책을 잘 활용해야 한다. 그 안에서 나의 성향에 맞게 선생님께 일대일로 물어보는 게 나은지, 친구들과 그 주제로 토론을 하면서 조언을 받을 것인지 생각해보아야 한다. 책을 활용해도 주제에 맞는 책을 골라 깊이 있게 볼 것인지 내가 궁금한 부분의 목차만 들여다볼 것인지 선택해야 한다.

시중에는 다양한 학습 매체가 많이 나온다. 선택을 위해 먼저 점검해 볼 내용이 있다.

첫째, 내 주변 환경을 점검해봐야 한다.

둘째, 내 성향에 어떠한 학습 스타일이 맞는지 파악해야 한다.

셋째, 학습 자원에 대한 구체적인 계획을 세워야 한다.

똑같은 학습 매체를 사용하더라도 사람마다 그 활용도는 다르기 때문에, 자신에게 맞게 구체적인 계획을 세워야 한다. 자신만의 학습 전략을 짜는 것은 스스로 얼마든지 찾을 수 있다. 학습 자원을 찾는 것도 여러 방법을 시도해보고 나에게 맞는 것을 알아내야 한다. 시도도 안 해보고 나의 학습 자원 스타일을 파악하기는 쉽지 않다.

학습 자원 활용의 극대화를 위해 평소 내 모습을 잘 관찰하자. 어떠한 환경에서 몰입이 잘되고 효과적이었는지 살펴보자.

## 진로 길잡이 Q&A

**Q. 인터넷 정보가 너무 많아서 어떻게 골라야 할지 모르겠어요**

막연해서 그래요. 먼저 많은 정보를 수집하세요. 그 안에서 선택과 집중을 해야 합니다. 그렇게 찾은 정보는 나만의 폴더에 저장해두세요. 그러면 다른 정보를 찾을 때도 도움이 되고, 나만의 자료가 쌓이면 노하우가 생긴답니다.

# 관심 분야의 정보를 수집하라

목표를 향해 나아가는 과정에서는 여러 가지 일이 생길 수 있다.
그 일 때문에 뒤로 후퇴해야 할 수도 있다. 그렇다고 기죽을 필요는 없다.
무슨 일이 일어나든 그것을 유용한 정보로 여기고,
그 정보에 맞춰서 목표를 조정하고 계속해서 나아가면 된다.
−로나 오코너(미국의 칼럼니스트)

가고 싶은 목적지가 있으면 먼저 어느 정도 거리인지 파악해야 한다. 그리고 교통수단을 선택해야 한다. 자동차로 가기로 했다면 어느 길로 가는 것이 빠른지 파악해야 한다. 요즘은 내비게이션이 길을 친절히 잘 알려준다.

여주 강의를 갈 때의 일이다. 예전 여주를 다녀 온 경험이 있어서 대충 거리가 얼마쯤 되는지 알 것 같았다. 그래서 내비게이션을 켜지 않고 그냥 예전의 기억으로 찾아갔다. 그런데 새로운 길이 생기고 중간에 공사하는 곳이 생겨서인지 길을 돌아가기도 하고 낯선 길에서는 헤매기도 했다. 일찍 출발한 덕분에 다행히 시간은 겨우 맞춰 갔지만 운전하는 내내 늦을까 봐 조바심을 냈던 기억이 생생하다. 그 후로는 아는 길이라도 출발 전 꼭 내비게이션을 설정하고 운전한다. 내비게이션이 알려주는 길은 정보다. 정확한 정보를 가지고 목적지를 가면 시간을 줄이고 여기저기 헤매는 실수도 줄어들 것이다.

예전에 정보가 없던 시절에는 사람들이 삼삼오오 모여서 이야기를 나누거나 모임을 통해 서로 정보를 공유하던 시절이 있었다. 하지만 지금은 마음만 먹으면 얼마든지 내가 원하는 정보를 마음껏 찾아볼 수 있다. 세상은 정보화 시대다. 정보화 시대인 만큼 정보를 잘 이용할 줄 알아야 한다.

자, 그럼 어떤 정보가 유용한 정보일까? 관심이 가는 분야가 있다면 찾아보고 메모해야 한다. 그렇지 않으면 느낌으로 기억하고 금방 잊어버리게 된다. 지나친 평범한 느낌은 오래 저장되지 않는다. 나중에 내가 무엇에 관심이 있었는지조차 기억이 나질 않는다. 하지만 사소한 호기심과 관심은 중요하다. 왜냐하면 사소한 관심으로라도 찾아보고 정보를 얻으면 그것이 내 것이 될 수 있다. 또는 그 안에서 또 다른 길의 방향성이 보일 수도 있다. 우연한 기회에 자신이 좋아하는 것이 무엇인지 알게 되고 그것으로 자신의 진로를 찾은 사람들도 있다.

〈코리아 갓 탤런트〉라는 오디션 프로그램에 '최성봉'이라는 사람이 나왔다. 그는 어릴 때부터 길에서 생활을 했다. 온갖 고생을 다하며 불우한 성장 과정을 거쳤다고 한다. 클럽에서 껌을 팔던 최성봉은 어느 날 오페라를 부르는 가수를 보고 큰 감동을 받았다. 그래서 어떻게 하면 노래를 배울 수 있는지 알아보았다. 자신이 관심을 갖고 알고 싶고 배우고 싶어 하는 열정이 대단했다. 하지만 자신에게 주어진 환경 속에서 얼마나 막막했을까? 그럼에도 열정은 그를 가로막지 못한 듯하다. 그는 어떻게 하면 배울 수 있는지, 어떻게 해야 하는지 알아보았다. 주변 사람들에게 물어 보면서 자신이 원하는 정보를 찾아갔다.

가장 가치 있고 살아 있는 정보는 내 발로 뛰어서 알아낸 것이다. 정보는 자신이 직접 경험하거나 실제로 확인해야 한다. 확신을 갖기 전에는 내 것이 될 수 없다.

정보를 알아내는 데 지름길은 없다. 스스로 찾아 나서 자신의 것으로 만들어 내는 것이 정보를 모으는 방법이다. 학생들은 정보라 하면 인터넷 정보로만 단정하여 생각하는 경향이 있다. 하지만 정보의 종류는 굉장히 다양하다. 우리가 눈으로 보는 것, 들은 것도 다 정보이고 오감을 동원해서 하는 행동, 친구와의 대화도 정보이다. 사람과의 관계도 정보가 된다. 이렇듯 정보는 그 범위가 매우 넓다.

자, 그럼 내가 관심 있는 정보를 어떻게 수집해야 하는 것일까? 사람들은 좋은 정보를 찾기 위해 노력한다. 하지만 정보는 일단 양이다. 내가 찾고자 하는 큰 카테고리의 범위를 정하고 그 안에서 카테고리를 세분화해야 한다. 그러면 내가 구하고자 하는 정보의 핵심을 알게 된다. 이후 수집한 정보를 올바르게 선택할 줄 알아야 한다. 정확성에 대해 따져보고 확인해봐야 한다. 때로는 예전의 통계나 오래된 기사일 수도 있기 때문이다. 정보를 분석하다 보면 나만의 좋은 정보를 구분할 수 있게 된다. 그러므로 일단 많이 찾아봐야 한다.

가끔 주변에서 남한테 "이것 좀 알아봐라.", "저것 좀 찾아봐라." 지시하는 사람들을 볼 수 있다. 이런 유형의 사람들은 자신을 믿지 못하기 때문에 남에게 시키는 것이다. 물론 시간이 없어서 어쩔 수 없는 경우도 있지만 대부분 그들은 남이 찾아주는 정보를 더 신뢰하기 때문에 그런 것이다. 그런 사람은 당장은 본인이 편할지는 몰라도 스스로 찾아내는 방법을 영원히 알 수 없다. 어느 배우의 수상 소감처럼 남이 차려주는 밥상에 숟가락만 얹는 격이다. 스스로 밥상을 차릴 줄 아는 사람은 무엇이 넘치고 부족한지 전체적으로 파악할 줄 아는 힘이 생긴다. 하지만 남이 찾아주는 정보는 내 것이 될 수 없다. 그러므로 스스로 정보를 찾아야 한다. 그래야 그 과정 안에서 궁금한 것이 생기고 점점 내가 찾고자 하는 정보의 핵심으로 다가갈 수 있다. 이것은 앞으로 나의 실력을 향상시키는 습관이 될 것이다.

쉽게 번 돈이 쉽게 없어지듯이 정보도 편하게 얻은 것은 몸에 배지 않는다. 내가 좋아하는 가수가 있다면 누가 시키지 않아도 꾸준히 정보를 찾아볼 것이다. 내가 관심 있어 하는 분야의 정보여야 동기부여도 생긴다. 어렵거나 알고 싶지 않은 정보를 억지로 찾으라고 한다면 고통스럽기 때문이다. 자신의 흥미를 불러오는 정보는 내가 위기 상황에서도 대처할 수 있는 큰 힘을 발휘할 수 있게 해준다. 이것은 내가 살아남기 위한 또 다른 생존 방식이다. 요즘은 정보와 IT가 결합된 시대이다 보니 많은 정보가 쏟아져 나온다.

내 관심 분야의 정보를 모으고 분석하자. 그것은 단순한 행동이 아니라 내 꿈을 위한 적금과 같다. 꾸준히 모은 정보는 목표를 이뤄가는 과정에서 조금씩 꺼내어보면 도움이 될 것이다. 결국 정보 수집 방법은 스스로 깨달아 터득해야 한다. 다른 사람의 방법이 나에게 꼭 맞는 것은 아니기 때문이다. 그들의 경험을 따라 다양한 방법을 시도해보면서 나에게 맞는 방법을 찾아야 한다.

정보를 수집하는 것도 습관이 되어야 한다. 한 번에 많은 양의 정보를 찾아내는 것은 쉬운 일이 아니다. 자기 전이라든지 대중교통을 이용하는 시간이라든지 점심 식사 후 같은 시간을 활용해보자. 그렇게 꾸준히 노력하면 나만의 효과적인 방법을 찾아낼 수 있다. 그리고 이렇게 찾은 정보는 그냥 흘려보내서는 안 된다. 아무리 좋은 물건을 사다놓아도 아무데나 두면 그 물건이 빛을 볼 수 없다. 물건이 가장 빛나는 자리에 있어야 하는 것이다. 그래야 그 물건의 효용 가치가 더 높아진다.

내가 찾은 소중한 정보를 아무데나 여기저기 두지 말자. 폴더를 분리하고 정리해서 언제든 필요할 때 꺼내 써야 그 정보가 유용해지는 것이다. 처음에는 방법이 미흡해도 괜찮다. 이런 과정을 통해 방법을 배워가는 것이기 때문이다. 힘이 되는 정보를 모아야 그 안에서 새로운 발상을 할 수 있는 토대를 마련할 수 있다. 눈으로만 보지 말고 일단 시작하자!

## 진로 길잡이 Q&A

> **Q. 정보는 꼭 인터넷으로만 찾아야 하나요?**
>
> . . . . . . . . . . . . . . . . . . . . . . . . . . . . . . . . . . . . . . . . . . . . . .
>
> 다양한 매체가 존재합니다. 인터넷뿐만 아니라 오감을 통해 얻는 정보도 중요해요. 또한 사람에게 얻는 정보도 있답니다. 마음과 생각을 열고 세상을 바라보세요. 그러면 다양한 정보를 얻을 수 있을 거예요. 그리고 그때 차근차근 메모를 해두세요. 그렇게 쌓인 메모는 나에게 중요한 정보가 된답니다.

## 8교시

# 나의 학습 스타일을 분석하라

성공한 사람들은 일어서서 그들이 원하는 환경을 찾고, 찾을 수 없으면
그러한 환경을 스스로 만든 사람들이다.
−조지 버나드 쇼(영국의 극작가)

　서점에 가면 명문대에 합격한 학생들의 공부 비법을 소개한 책들을 볼
수 있다. 그 책들은 노트 필기법, 암기법, 일상생활의 관리법 등 학업적
성공까지 자신의 경험담을 소개한다. 그러나 남들의 1등 공부법이 나의 1
등 공부법이 될 수 있을까? 물론 참고는 할 수 있지만 무턱대고 맹신 할
수는 없다. 사람마다 적성과 특성에 따른 학습 습관이 다르기 때문이다.

　코칭한 학생들의 몇 가지 예를 살펴보자.
　지윤이는 열린 마음으로 사람들을 대하고 누구와도 쉽게 친해지는, 친
화력이 뛰어난 학생이었다. 언어 감각이 뛰어났으며 글쓰기를 잘했고 글

로벌한 마인드를 지녔다. 아이디어가 굉장히 뛰어나고 순발력도 좋았다. 그러나 쉽게 달아오르고 포기도 빠른 성향을 가지고 있었다. 공부를 할 때 처음에는 의욕이 넘치지만 모르는 것이 나오면 금방 포기하는 모습을 보이기도 했다. 이러한 성향을 가진 지윤이는 사회성이 좋기 때문에 혼자 공부하는 것보다는 다른 사람들과 함께 도움을 주고받으며 학습하는 것이 더 효과적이다. 사람들과 함께 공부하면 자신이 다른 사람을 가르쳐 주고 도움도 받으면서 학습에 대한 흥미를 지속시킬 수 있기 때문이다. 또한 말하기를 좋아하기 때문에 말하면서 이해하고 기억력을 향상시킬 수 있다. 순발력과 순간 집중력이 좋기 때문에, 학습 시간을 막연히 오래 유지하는 것은 지윤이에게 비효율적인 방법이다. 오히려 짧은 시간이라도 학습과 휴식을 병행하며 학습에 대한 집중력을 이용하는 것이 더 효과적이다.

선호는 원칙을 중요하게 여기고 도덕적 가치와 규범을 잘 따르는 성향이었다. 스스로 계획한 것은 꼭 지켜야 한다는 신념을 갖고 있었다. 수업 태도도 좋고 학교 공부를 열심히 하는 스타일 이었다. 다만 원칙을 중요하게 여기기 때문에 스스로 약간의 강박이 있었다. 선호는 학습습관을 한 번 정하면 쉽게 바꾸려 하지 않기 때문에 초기에 이를 효율적으로 계획해야 한다. 일정 기간을 정해 실천 여부를 체크해가며 스스로 학습하는 것이 효과적이다. 선호와 같은 유형은 성실한 자세가 강점이기 때문이다.

준석이는 자신의 감정에 솔직하고 민첩성과 활동성이 강한 학생이었다. 하지만 지구력이 약했고 한 가지에 집중하는 것을 힘들어했다. 준석이가 오랜 시간 학습하는 것은 비효율적이다. 꼭 외워야 할 것을 메모해서 눈에 잘 띄는 곳에 두고 자연스럽게 자주 보게 해야 한다. 학습 흥미를 잃지 않도록 처음부터 무리한 목표를 계획하지 않는 것이 중요하다.

태완이는 자신의 관심 분야 외에는 주변 환경에 전혀 관심이 없으나, 자신이 관심 있어 하는 분야에 대한 집중력이 굉장히 좋은 학생이었다. 호기심이 많아 관찰하는 것을 즐기고 책을 읽고 연구하는 데 성취감을 느끼는 유형이다. 다만 주변 환경이나 사람에 관심이 없다 보니 사회성이 떨어지는 경향이 있었다. 이러한 태완이의 성향은 관심 분야와 비관심 분야와의 차이가 심하게 나타난다. 따라서 싫어하는 과목에 호기심을 유발시켜 흥미를 갖도록 해야 한다. 여러 사람과 함께 공부하기보다는 일대일로 학습하는 것이 효과적이다. 호기심에 대한 해답이나 생각에 대한 토론을 심층적으로 할 수 있는 환경이어야 한다. 그래야 궁금증이 해소되기 때문이다.

지예는 감정기복이 심하고 예민한 예술형의 성향을 가진 학생이었다. 자신만의 세계가 분명했고 관심 분야에 대한 신념이 확고했다. 가끔 영상을 만들어 보여줬는데 독창성이 뛰어나고 특별했던 것으로 기억이 난다. 지예는 재주가 많은 학생으로 친구들의 부러움을 사기도 했다. 신념이 강한 만큼 자기주장도 강했다. 하지만 시험 성적이 생각했던 만큼 나오지 않으면 스스로 스트레스를 많이 받았다. 이렇듯 남다른 감성을 가진 지예는 자신의 기분에 따라 학습 효과가 달라지기 때문에 고정적인 학습 계획은 비효율적이다. 감정과 신체리듬에 따른 융통성 있는 계획표를 짜야 한다. 일희일비하지 않도록 스스로 관리하는 방법을 알아야 한다. 또한 생각이 많은 유형이기 때문에 인터넷 강의는 효율적이지 못하다. 옆에서 관리해주지 않으면 듣다가 딴생각으로 빠질 수 있기 때문이다.

건우는 자기 통제가 강한 편이라서 자신의 생각을 잘 표현하지 않는 학생이었다. 외부로 자신을 드러내지 않는 성격이기에 내면적으로 스트레스가 누적되어 있는 경우가 많았다. 그래서 학습 장소는 막혀 있는 독서실보다 개방되어 있는 도서관을 추천했고, 자기 통제와 절제가 강한 유형이기 때문에 인터넷 강의를 권했다. 자신이 아는 것과 모르는 것을 잘 파악하기 때문에 학습 계획을 짤 때도 구체적으로 분류하면 효과적이다. 과목별로 잘 틀리는 단원, 틀리는 이유 등을 구체적으로 적어놓고 어떻게 공부할지 계획해야 한다.

태윤이는 다방면에 관심이 많고 반복적인 것에 쉽게 싫증을 느끼는 학생이었다. 다양한 분야에 관심이 많아 적당히 골고루 잘하기는 했지만 특별히 돋보이는 한 가지가 없었다. 그래서 목표도 학습 습관도 우왕좌왕한 상태였다. 역사에 대한 한 주제가 나오면 여기저기 아는 것이 많아 나열하기만 할 뿐 실질적으로 핵심을 파악하는 능력이 부족했다. 또한 싫증을 잘 느끼기 때문에 계획을 짤 때도 과목 혹은 요일별로 학습법에 변화를 줘야 한다. 무엇보다 중요한 것은 진로에 대한 목표와 계획을 좀 더 명확히 세우면서 동기부여를 해주어야 한다.

이렇듯 사람들의 성향에 따라 공부하는 방법이나 계획 또는 학습 습관은 다양하게 나타난다. 그런데 어떻게 똑같은 공부법을 정답처럼 따라 할 수 있을까? 학습자의 특성에 따라 학습동기도 다르다. 동기부여가 안 되는 원인은 정서적인 부분에서 그 원인을 살펴볼 수 있기 때문에 중요하다. 코칭을 하다 보면 목표만 세우면 동기부여가 되는 줄 아는 부모님과 학생들이 있다. 하지만 성향과 정서적인 부분까지 살펴보아야 학습 습관을 제대로 분석할 수 있다. 스스로 체크해야 할 학습 습관이 무엇인지 알아보자.

**\*학습 습관 체크리스트\***
1. 나는 효율적으로 시간 관리를 하고 있는가?
2. 현재 공부하는 장소가 집중에 도움이 되는가?

3. 수업 태도는 적극적인가?

4. 노트 필기는 잘 활용하고 있는가?

5. 집중이 잘될 때, 잘되지 않을 때 대처 방안은 있는가?

6. 책을 읽을 때 핵심을 잘 파악하고 있는가?

7. 나만의 기억 전략이 있는가?

8. 시험 준비를 위해 실수를 줄이기 위한 전략이 있는가?


학습 습관은 학업 성적과 밀접한 관련이 있다. 학년이 올라갈수록 더 밀접한 관련성을 갖게 된다. 올바른 학습습관을 갖기 위해서는 자신의 성향을 살펴보는 것이 너무 중요하다. 습관은 길들이기는 쉬워도 고치기는 어려우니 말이다.

학생에 따라 동기 부여의 분석이 필요한 경우도 있다. 왜 자신감이 없는지, 왜 학습에 흥미가 없는지, 왜 쉽게 포기하는지, 왜 학습의 필요성을 못 느끼는지 살펴볼 필요가 있다. 이러한 부분은 정서적인 면이나 환경적인 면에서 알 수도 있다.

나의 성향을 알아보고, 그에 따른 학습 습관을 분석하자. 그렇게 나만의 1등 학습법을 만들어가자.

Q. 공부법 책을 사서 참고해도 왜 저는 잘되지 않는 걸까요?

다른 사람의 공부 비법은 참고만 하세요. 내가 해보지 못한 방법은 일단 시도해보고, 나와 맞지 않으면 바꾸면 돼요. 이렇듯 다양한 경험과 시도를 통해 스스로 찾아가는 것이 진짜 자신에게 맞는 공부법이에요.

세 번째
수업

나만의 진로 로드맵을
만드는 법

## 1교시
# 어떤 사람이 되고 싶은지 생각하라

가장 중대한 실수는 조급함 때문에 일어난다.
ㅡ마이크 머독(작가)


"어떤 사람이 되고 싶어요?"

"훌륭한 사람이요."


내가 유치원을 다닐 때 선생님이 물어보면 아이들이 가장 많이 했던 말이다. 그때 그렇게 대답했던 친구들은 자신을 어떻게 생각하고 있을까? 물론 나 역시도 근사한 사람이 되고 싶다고 생각했다. 지금 돌이켜 보면 당시 근사하고 훌륭한 사람이 된다는 것은 그저 겉으로 멋있어 보이는 사람이 되고 싶었던 것 같다. 학교 다닐 때는 어릴 적 꿈꾸던 사람이 되기 위해 진지하게 고민 한 번 해본 적 없었다. 시험과 입시에 시달리며 어떤 사람이 되고 싶은지에 대한 고민보다는 성적에 맞추어 어느 대학에 가야 할지에 대한 눈앞의 고민만 했다. 시간이 지나 20대가 되어서야 비로소, 내가 진짜로 원하는 것을 스스로 묻기 시작했다.

친구들이 취업하기 바쁠 때 나는 내가 꿈꾸는 삶이 무엇인지 고민만 했다. 그러던 중 대학 4학년 때 남자 중학교로 교생 실습을 나갔다. 학생들과 함께하는 시간들이 참 행복하게 다가왔다. 실습 마지막 날에는 반 학생들이 모두 편지를 써주어 깊은 감동을 받기도 했다. 그중에서도 친구들과 어울리지도 않고 홀로 떨어져 지내던 한 학생이 기억에 남는다. 그 학생은 수업 맨 뒷자리에 꼿꼿이 앉아 멍하게 먼 산을 바라봤는데, 나는 그 학생에게 유난히 마음이 쓰였다. 그래서 매일 아침 자습 시간에 삶의 명언을 적은 엽서를 건네주었다. 실습 마지막 날 그 학생은 나에게 장문의 편지를 써주었다. 가정 환경 탓에 자신만 세상에서 가장 불행해 보였다는 것이다. 하지만 선생님이 매일 건네주신 명언을 보고 생각이 달라졌다며 감사하다고 했다.

나는 나로 인해 누군가가 생각이 변했다는 것이 신기하고 뿌듯했다. 그 학생은 학교 생활에 적응하지 못하는 듯 보였지만, 누구보다 치열하게 자신에 대해 고민한 흔적이 역력했다. 이후 학생들에게 도움을 건네는 사람이 되고 싶어졌다. 그래서 대학 졸업 후 대학원을 다니면서 임용

고시를 준비했다. 노량진에서 외로움과 싸우며 임용고시를 준비하는 그 시절이 힘들었지만 행복했다. 누군가가 나에게 힘든 마음을 열어주었다는 것이 감사하고 뿌듯했다. 내가 어떤 사람이 되고 싶은지에 대한 성찰의 시간을 갖는, 소중한 경험이었다.

그 전에 나는 내가 어떤 사람인지 모른 채 학교, 졸업, 입학을 반복하며 앞만 보고 살았다. 다른 사람을 평가할 줄만 알았지, 정작 나라는 사람이 어떠한 삶을 살고 싶어 하는지 방향조차 모르고 살아왔던 것이다.

초등학교 교사인 친구는 고등학교 때부터 공부 외에는 관심이 없었다. 그래도 학급에서는 공부를 잘한다는 이유로 그 친구 앞에서는 모든 것이 용서되었다. 청소나 학급에 관련된 일에 전혀 참여하지도 않았다. 사실 주변 친구들에게 인성이 좋다는 이야기를 듣지는 못했다. 졸업 후 교사가 된 친구를 동창회에서 만나게 되었다. 고등학교 때는 전혀 친구들과 어울리지도 않았던 친구가 동창회에 나와 모두 놀라워했다. 당시 친한 친구는 한 명도 없었다. 하지만 그 친구는 적극적으로 친구들에게 말을 걸고 안부를 묻는 등 분위기를 이끄는 친구가 되어 있었다. 예전의 모습과는 너무 달랐지만, 그러한 친구의 모습이 우리는 더 반갑고 좋았다. 그 친구의 변화 과정은 이러했다.

초등학교 교사란 단순히 지식만 전달하는 사람이 아닌데도, 초임 교사 때 아이들과 어울리지도 못하고 소통이 되지 않아 너무도 힘이 들었다고 한다. 그래서 아이들에게 따뜻한 마음으로 다가갈 수 있도록 스스로 변하기 위해 노력 중이라는 것이었다. 사실 그동안 본인이 가지고 있던 생각을 바꾸고 마음을 연다는 것이 쉬운 일은 아니다. 그러나 작은 일상부터 변화하려는 노력이 대견하고 그 마음이 이해가 되었다. 실력도 중요하지만 우리 사회가 진정 원하는 사람은 좋은 사람이다. 사회는 점점 더 융합화되어가고 있다. 내 분야에만 열중하는 것도 중요하지만 이제는 변하고 있다. 내가 알고 있는 전문 분야와 다른 분야를 접목할 줄 알아야 한다. 그러려면 소통이 되어야 한다. 지금은 소통할 줄 아는 사람, 새로운 것을 창조해낼 수 있는 융합형 인재상을 지향하고 있기 때문이다.

그렇다면 융합형 인재의 기본 자질은 무엇일까? 늘 많은 이들이 따르는 사람은 주변에 한 명쯤은 있다. 나는 학창 시절에 그러한 친구들이 참 부러웠다. 그 친구는 항상 분주했다. 많은 친구들의 생일을 일일이 챙겨주고, 자기 시간을 쪼개서라도 경조사를 다 챙겼다. 우리가 사람들과 좋은 관계를 유지하기 위해서는 그에 합당하는 노력을 해야 한다. 집에서 키우는 작은 화분도 물을 주고 햇빛도 적당히 받을 수 있도록 관리해야만 말라죽지 않는다. 건강한 인간관계를 지닌 사람들은 자신을 사랑하는 사람이다. 그렇기에 다른 사람의 감정을 소중히 하고 이해하게 된다. 내가 싫어하는 것은 남도 싫어하고, 내가 좋아하는 것은 남도 감동받는다는 것을 알기 때문이다.

서로 소통을 하고 긍정적인 에너지를 주고받는다면 결국 나 자신도 좋은 영향을 받을 것이다. 이러한 배려로 건강한 관계가 형성되는 것이다. 근본적으로 자신을 소중히 아낄 줄 아는 사람은 인간관계에서도 좋은 모습을 보이게 된다. 내가 가식적으로 상대방을 대하면 상대방도 딱 그만큼 마음을 열어 보일 것이다. 타인에게 진심으로 다가가는 사람은 억지로 자신을 드러내지 않아도 저절로 빛이 난다. 그러면 사람들이 그 빛을 따라 모여들게 된다. 그들은 친절하고 배려심이 많으며 소박함으로 감동을 준다. 그 소박함은 작은 일상에서 알 수 있다. 누구도 생각하지 않던 어려운 일에 먼저 나서고, 망설임 없이 도움의 손길을 건넨다. 귀찮은 일도 웃으면서 받아주고 힘들어하는 누군가의 마음을 진심으로 헤아려주기도 한다.

진정성이라는 단어가 있다. 진정성은 사람들을 감동시키기도 하고 용서하는 힘이 있다. 이러한 마음의 힘은 모든 이에게 잠재되어 있다. 단지 그 감정을 표현하는 데 익숙하지 않아 어색한 것이다. 허나 이는 모두의 마음속에 내재되어 있기에 다른 누군가가 진정성 있게 다가오면 우리는 그 사람이 곧 좋은 사람이라 생각하고 응원하게 된다. 무엇보다 그들은 겸손한 태도를 지녔다는 공통적인 특징이 있다. 사소한 말과 행동에서 나오는 겸손한 모습은 관계의 미래에 긍정적인 영향을 선사해준다.

앞만 보고 달려온 사람들에게는 육체적 휴식뿐만이 아니라 정신적 휴식 시간이 필요하다고 한다. 우리는 경주마가 아니므로 앞만 보고 나가면 언젠가 지치게 된다. 사람마다 차이는 있지만 눈 코 뜰 새 없이 몸과 정신을 혹사시키다 보면 무기력과 우울 등 위험 요인이 우리에게 신호를 보내기도 한다. 그러므로 나를 위한 충전의 시간을 습관처럼 주기적으로 가져야 한다. 그러한 여유로 스스로 보상해줘야 한다. 그러면 인생이라는 긴 여정을 조절하며 즐겨 나갈 수 있게 된다.

내가 어떤 사람이 되어 어떠한 삶을 꿈꾸는지 명확히 알자. 그리고 주변을 즐기며 마음의 여유를 가져야 한다. 고속도로를 이용하면 목적지에 금방 도착은 하겠지만 주변의 자연을 즐길 여유는 없다. 하지만 시간이 걸리더라도 국도나 일반 도로로 가면 주변 사람들이나 자연의 변화를 둘러볼 수 있다. 도착하는 것은 어차피 마찬가지이다. 과정이 중요하다. 그 과정에서 내 마음을 살피며 나아가야 한다. 나의 길은 무엇인지 여유를 가지고 생각해보자. 그리고 내가 어떤 사람이 되고 싶은지 스스로 질문을 던져보자. 주변에 좋은 사람을 많이 두고, 나도 누군가에게 긍정적인 에너지를 전달하는, 좋은 사람이 되기 위해 노력하자. 그리고 그 모든 노력은 사소한 일상에서 시작된다는 것을 잊지 말자.

진로 길잡이 Q&A

> **Q. 너무 바빠서 꿈에 대해 생각할 시간이 없어요**
>
> ·····························································
>
> 잠시 핸드폰을 넣어두세요. 그리고 버스를 타고 갈 때나 이동할 때
> 등 자투리 시간을 이용해 보세요. 그 시간을 활용하다 보면 생각하는
> 습관이 생길 거예요. 그 생각하는 힘은 나의 미래를 바꾸는 중요한
> 열쇠가 될 수도 있답니다.

## 2교시
# 10년, 20년 후
# 나의 모습을 상상하라

심리학에는 한 가지 명언이 있다.
이루고 싶은 모습을 마음속에 그린 다음 충분히 오랫동안
그 그림이 사라지지 않게 간직하고 있으면 그대로 실현된다.
—윌리엄 제임스(미국의 철학자)

10년 전, 나는 '강사, 작가'라는 꿈이 있었다. 막연하게 상상만 하던 어느 날 한국방송작가협회에서 드라마 작가를 모집하는 공모가 눈에 들어왔다. 당시 나는 아이를 업은 채 집에서 원고를 쓰며 과제를 했다. 꼭 드라마 작가가 하고 싶었던 건 아니었다. 그저 작가가 되고 싶었다.

인간에 대해 관심이 많았던 나에게는 캐릭터를 만들고 분석하며 대본을 써 내려가는 과정이 흥미롭게 다가왔다. 꾸준히 장르를 불문한 각종 공모에 지원하고 글을 쓰다 보니 결국 나는 책을 쓰는 작가가 되었다. 단한 번도 내가 작가가 되지 못할 거라고 생각해본 적이 없었던 것 같다.

대학원을 다니면서 미술 심리에 처음으로 관심을 갖게 되었다. 그러다가 학원을 운영하며 미술 심리 상담을 공부했다. 사람에 대한 관심을 기반으로, 글과 그림을 공부하며 나의 호기심을 채워나갔다. 그렇게 대학원을 다니고 아이들을 키웠다. 그리고 매일 독서를 즐겨 했던 나는 나만의 독서법으로 독서 코칭도 하게 되었다. 더불어 교육이라는 평생의 관심 분야였던 것을 어떻게 세상에 풀어나갈까 끊임없이 고민했다. 그러던 중 태국에 살면서 한글학교 중등부 국어 교사를 하게 되었고 그곳에서 다양한 환경의 청소년들을 알게 되었다. 그렇게 청소년 교육에 관심을 갖기 시작했다.

서로 다른 성향을 가지고 있는 학생들이 똑같은 가치관으로 똑같은 꿈의 우선순위를 매기는 것이 안타까웠다. 나의 학창 시절과 다를 것이 하나 없었다. 세상은 많이 변했지만 우리가 미래를 준비하는 자세는 내 10대 시절과 다를 바가 없었던 것이다. 같은 시기에 태국 공립학교에서 태국 학생들을 가르쳤다. 그 학생들은 자신들의 꿈에 당당했고 현재를 행복해했다. 좋든 아니든 속한 상황에 만족하며 다양한 꿈을 키워 가고 있었다. 왜 유독 우리나라의 청소년은 똑같은 틀에서 꿈을 꾸어야만 하는지에 대한 안타까움이 밀려왔다. 각종 요소를 배제하고도 아이들은 꿈을 꿀 여유조차 가지려 하지 않기 때문이다. 그렇게 나는 사람들의 진로에 도움이 되는 사람이 되어야겠다고 다짐했고, 관련 정보를 찾아 코칭과 강의를 하기 시작했다. 나는 내가 원하는 것을 끊임없이 상상한다. 그리고 그려나간 꿈을 위해 현재 나에게 부족한 것들을 채워간다. 원하는 것이 있다면 그 모습을 마음에 그려보자. 꿈꾸는 나로 살기 시작하면 세상을 보는 눈도 달라진다. 자신이 보고 싶은 대로 세상은 보인다. 내가 희망으로 세상을 바라보면 10년 후도 희망찬 미래로 이어질 것이다. 바쁘고 각박한 세상이지만 이 세상에는 내가 나를 믿는 것만큼 강한 힘도 없다.

'어차피 나는 안 돼.' '현실적이지 않아.' '미래는 어차피 정해져 있어.'
 이러한 부정적인 말이야말로 무의식적으로 나를 가로막는 장애물이다. 이런 말들은 스스로 두려움과 게으름을 합리화하는 말이기도 한다. 제과·제빵에 관심이 많은 두 학생 A, B가 있었다. 제빵 학원에 똑같은 날짜에 등록을 하고 앞으로 어떤 제빵사가 되고 싶은지 꿈을 적어보라고 했다. A 학생은 그냥 동네 시내에 빵집을 내고 싶다고 적었다. 반면에 B 학생은 명동에 자신의 이름을 건 가게를 내고 싶다고 했다. 물론 그 결과는 아무도 모른다. 그러나 제빵을 공부해가는 두 학생의 태도는 극과 극이었다. A 학생은 힘들다며 3개월 만에 학원을 그만두었다. 그러나 B 학생은 꾸준히 학원에 다녀 지금까지도 과정을 이수하며 열심히 배우고 있다. 자신이 꼭 이룰 거라며 미래의 명함을 만들어 지갑에 넣고 다니기까지 한다. 스스로의 미래에 대한 믿음이 현재의 태도를 바꿔놓은 것이다.
 우리가 가장 열심히 가꿔야 하는 것은 내 마음이다. 마음을 어떻게 가꾸느냐에 따라 나의 미래가 달라진다. 누구나 하는 일반적인 생각은 나를 움직일 수가 없다.

인생의 시련은 누구에게나 찾아온다. 그 시기가 사람마다 다를 뿐이다. 우리가 부러워하거나 행복해 보이는 사람들도 자신이 처한 환경에서 고난을 극복하려 애쓰며 산다. 고통의 환경은 절대적인 척도로 비교할 수 없다. 우리에게 똑같이 주어지는 하루의 24시간처럼 행복과 고통의 시간도 똑같이 주어진다. 누구는 고통의 시간이 가늘고 길게 이어지기도 하고, 누구는 한 번에 아주 극심한 고통이 찾아오기도 한다. 질량 보존의 법칙처럼 결과적으로 고통의 양은 같다. 그러나 중요한 것은 그 시간을 어떻게 보내느냐. 어떤 사람은 고통을 자신이 살아가는 데 있어 교훈으로 삼기도 한다. 반면에 그 시간만 생각하면서 스스로 고통의 기억에서 앞으로 나아가지 못하는 사람이 있다. 힘든 생각을 기억하고 반복하는 것도 습관이다. 힘든 상황이라는 똑같은 시간인데 교훈으로 삼아 더 나은 삶을 개척하는 사람이 있는 반면 누구는 자신을 지독한 불행 속에 가둔다. 고통의 경험이 밑거름이 될지 혹은 족쇄가 될지는 생각하는 방향에 달려 있다.

네빌 고다드의 저서 『상상의 힘』이라는 책에는 다음과 같은 내용이 나온다.

우리는 세상을 우리 자신과 연관 지어서 묘사합니다. 상상력은 우리가 바라는 상태와 우리를 연결해줍니다. 하지만 우리는 상상력을 능수능란하게 사용할 줄 모릅니다. 우리는 그것을 배워야만 합니다. 그저 결말을 생각하는 구경꾼이 아니라 결말의 관점에서 생각할 수 있는 참여자가 되어야 합니다. 즉, 상상을 통해 이미 그곳에 있어야 합니다. 만약 우리가 이렇게 할 수 있다면 마음속에서 경험한 세상은 객관적인 현실로 나타날 것입니다.

내가 바라는 모습을 상상하고 그 결말의 관점에서 생각하라는 것이다. 이것은 곧 내가 세상을 어떻게 바라보느냐의 관점을 달라지게 해준다. 지금 상황에 만족하지 못한다면 현재를 바라보지 말고 꿈꾸는 미래를 생각해보자. 그러면 현재 내 주변에서 중요한 것과 불필요한 것을 구분할 수 있을 것이다. 또한 현재의 삶에서 더 많은 것이 보이고 더 많은 것에 감사하게 될 것이다. 소망은 상상을 통해 이루어진다. 소망이 간절하면 세상을 바라보는 시야가 달라진다고 한다. 현실을 바꿀 수 없어도 원하는 것이 있다면 그것이 이미 이루어졌다고 믿으며 행동하자. 그 결과에는 분명 큰 차이가 있을 것이다.

이렇듯 나의 잠재의식을 활용하자. 잠재의식의 힘은 과연 놀라운 것이다. 자기 자신을 통제할 수도, 무한대로 이끌 수도 있기 때문이다. 나의 잠재의식을 깨워서 무한한 가능성의 세계로 나를 이끌어보자.

사람들은 4차 산업혁명 시대가 다가오면서 혼란스러워한다. 낯선 세상에 대한 두려움을 느끼고 구체적으로 무엇을 해야 할지 몰라 우왕좌왕한다. 그저 좋은 학교를 나오는 것이 안정적인 선택이라며 세상을 넓게 보기 전의 상황으로 인지하고 변화와 경쟁에 치여 나를 잃어버리지 말자. 어떤 사람이 되고 싶은지에 대한 삶의 길을 스스로 개척하는 마음가짐이 4차 산업혁명이라는 사회에 나를 적응하도록 이끌 것이다.

10년, 20년 후의 내 모습을 상상하자. 그리고 꿈을 꾸자. 내가 소망하는 삶의 모습에 이미 내가 있다고 굳게 믿자. 그러면 5년 후의 모습이 보이고 1년 후의 모습이 보일 것이다. 그렇게 내 모습을 점점 구체화하며 상상하자. 당장 오늘 무엇을 해야 하는지 생각이 변할 것이며, 자연스럽게 나의 행동도 달라질 것이다. 스스로의 잠재의식을 믿고 내 미래의 모습을 상상해보자. 꿈꾸고 열망하라. 그 간절한 마음과 노력이 바라는 미래의 기틀을 만들어줄 것이다.

## 진로 길잡이 Q&A

### Q. 제 미래가 상상이 안 돼요

현재 내 모습이나 현실에 맞춰서 생각하지 말고 내가 원하는 그림을 그리세요. 이왕이면 근사한 상상을 해보는 것은 어떨까요? 상상의 힘을 믿어보세요.

# 나의 버킷리스트를 작성하는 법

행복한가, 그렇지 못한가는 결국 우리 자신에게 달려 있다.
－아리스토텔레스(고대 그리스의 철학자)

새해가 되면 매년 다이어리를 산다. 올해 이루고 싶은 나의 소망들을 적기 위해서다. 설레는 마음으로 디자인을 골랐다. 두께는 어느 정도 있어야 했다. 적을 내용이 많다고 생각했기에, 들고 다닐 때 가방이 조금 무거워도 상관없었다. 다이어리를 사서 작년에 미처 이루지 못한 소망들을 반성하기 위해 낡은 작년 다이어리를 펼쳐보았다. 그때의 계획들을 보면 고개가 절로 숙여졌다. 어쩌면 그렇게도 지킨 게 없는지, 해가 갈수록 나이만 먹은 것이 속상했다. 그래서 새로 산 다이어리를 사용할 때는 더 비장한 각오로 임했다. 그렇게 새해를 계획하며 신중하게 적어 나갔다. 이렇듯 나는 마치 새해 의식처럼 다이어리를 꼭 챙겼다.

10대 때 내 다이어리에는 항상 성적 향상을 위한 등수가 적혀 있었다. 이번에는 몇 등까지 올리겠다는 목표와 점수를 올리자는 다짐도 항상 적혀 있었다. 20대, 영어학원에 등록하자는 말은 다이어리에서 **빼먹지** 않았던 것 같다. 나름 꾸준히 적어가던 다이어리를 언제부터인가 더 이상 사지 않았다. 아마 적어봐야 소용없다고, 스스로가 이를 의미 없는 일로 정해버린 것 같다. 왜 의미 없는 일이라 생각했을까? 적은 목표도 지키지 못하니 더 이상 필요성을 못 느낀 것이다. 왜 나는 지킬 수 없었을까? 내가 진짜 원하는 것에 대해 솔직하지 못했기 때문이다. 또한 너무 막연하게 적어서 그에 대한 실천력이 떨어진 것이다. 계획을 세웠지, 진정 하고 싶은 것을 적지는 않았던 것 같다. 정말 하고 싶은 것을 적었다면 어떠했을까? 다이어리에 정말 이루고 싶은 것을 적어야 했다. 그럼 해마다 다이어리의 내용이 똑같지는 않았을 것이다. 해마다 하고 싶은, 이루고 싶은 일을 써내려가 보자. 차차 인생에서 이루고 싶은 소망이 떠오를 것이다.

'버킷리스트'라는 말을 많이 들어보았을 것이다. 버킷리스트란 무엇일까? 사전적 의미로는 죽기 전에 해보고 싶은 일을 적은 목록을 가리키는 말이다.

〈버킷리스트〉라는 영화가 있다. 이 영화는 공통점이라고는 하나도 없는 두 노인이 모험을 떠나는 이야기다. 두 사람은 모두 임종을 앞두고 있는 상태로, 한 사람은 백만장자 잭 할아버지, 또 한 사람은 가정을 위해 평생 헌신한, 마음이 넓은 카터 할아버지이다. 백만장자인 잭은 괴팍한 성격 탓에 주변에 아무도 없는 외로운 사람이다. 둘은 나란히 같은 입원실에 누워 있게 된다. 성격이 정반대인 두 사람이지만 시한부 선고를 받고 서로 동병상련을 느끼게 된다. 어느 날 잭은 카터가 무언가 열심히 작성하는 것을 보게 된다.

그것은 카터가 죽기 전에 하고 싶었던 것을 적어놓은 버킷리스트였다. 카터와 잭은 그들의 꿈을 찾아, 버킷리스트를 하나씩 실천하기 위해 모험을 떠난다. 만리장성 달려보기, 스카이다이빙, 피라미드 가보기 등을 하나씩 이루어간다. 각기 다른 삶을 살아온 둘이지만 앞만 보며 살아왔다는 공통점이 있었다. 모험을 통해 그들은 인생에서 진정 중요한 가치들을 함께 깨달아간다.

우리는 누구나 이 두 주인공처럼 이루고 싶은 소망들이 있다. 영화 〈버킷리스트〉를 보면서 내가 주인공의 상황이라면 가장 하고 싶은 것이 무엇인지 생각해보았다. 아마도 나는 그동안 살아오면서 가장 미워했던 사람을 만나 서로 이해하고 용서하고 싶은 생각이 들 것 같았다. 마지막 인생의 여정에서 후회되는 일이 없도록 좋은 마음으로 마무리하고 싶다는 생각이 들기 때문이다. 또는 연락이 안 되지만 꼭 보고 싶었던 친구도 만나고 싶다. 이렇듯 꼭 만나고 싶은 사람도 나의 버킷리스트에 들어간다.

학생들 중에는 자신이 좋아하는 연예인을 꼭 만나고 싶다고 버킷리스트에 적기도 한다. 사람마다 자신이 소중히 생각하는 그 누군가를 만나고 싶다는 생각은 그 사람이 자신의 생에 어떠한 방식으로든 영향을 준 사람이기 때문이다.

깜빡 잊을 정도로 아주 사소한 일이나 꿈도 버킷리스트에 넣어보자. 내가 미처 생각하지 못한 그 사소한 꿈들을 기억하는 과정이 나의 삶에 어떠한 의미가 있을 수도 있기 때문이다.

평생 일만 한 사람은 단 며칠이라도 오직 자신이 원하는 대로 살고 싶을 것이다. 자고 싶을 때 자고 먹고 싶을 때 먹고 아주 사소한 일상이지만 평생 앞만 보고 살아온 누군가에게는 그 사소한 일상이 꿈이 될 수도 있다. 생각해보니 나는 어릴 때 겁이 많아서, 어른이 되어서는 시간이 없어서, 지금은 허리가 좋지 않아서 이루지 못한 소망이 있다. 바로 자전거 타기다. 공원에서 또는 자전거 도로에서 자전거를 타고 자유롭게 달리는 사람들이 부러울 때가 많다. 다른 사람들은 '자전거 타기'가 버킷리스트라고 하면 아주 사소하다고 느낄 것이다. 하지만 나에게는 자전거 타기가 어릴 때나 지금이나 어려운 일이다. 그래서 죽기 전에 꼭 한 번쯤 해보고 싶다는 생각이 든다.

여행하고 싶은 곳은 누구나의 버킷리스트에 하나씩 있을 것이다. 대학 시절 나의 소망은 배낭여행이었고, 이후에는 아이들과 함께하는 여행을 꿈꿨다. 지금은 다시 혼자만의 미지의 세계로의 여행을 꿈꾼다. 그렇게 다시금 나만의 여행지를 찾고 싶다.

이렇듯 버킷리스트는 거창하고 대단한 것을 꿈꾸는 것이 아니다. 실천할 수 있는 구체적인 것들을 적는 것이다. 배우고 싶은 것, 여행하고 싶은 곳, 개인적으로 꼭 해야 할 일들, 만나고 싶은 사람들, 깜빡 잊을 정도로 아주 단순하고 사소한 꿈들을 생각해내면 된다. 그저 생각날 때마다 하나씩 적어놓고, 언제까지 이루겠다는 목표 기한을 적어놓으면 된다. 조급하게 생각하지 말고 천천히 그 목표에 집중해야 한다. 그리고 나의 인생이 내가 지향하는 방향으로 가고 있는지 주기적으로 점검해보아야 한다. 내가 정해 놓은 꿈과 목표를 향해 현재 해야 할 일에 집중하며 살아야 한다. 꿈만 꾸고 지금 아무것도 하지 않는 사람들이 있다. 그러면 몽상가가 되는 것이다. 현재에 집중하지 않는 삶을 산다면 현실에서 동떨어진 삶을 살게 된다. 그러면 이유도 모르고 삶이 답답해진다. 막연하기 때문이다.

만약 누군가 부자가 되고 싶다고 생각만 하고 아무것도 하지 않는다면 현재 그 사람의 마음은 어떨까? 아무것도 안 하고 있으니 조급할 것이다. 그리고 계획이 없으면 무엇을 해야 할지 몰라 막연해진다. 그러면서 다른 사람과 비교만 하게 된다.

그러면서 스스로 초라하게 느껴지고 자존감만 떨어질 것이다. 그렇게 되면 자신의 삶에서 진정으로 찾아야 하는 것을 놓치게 된다. 그렇게 지나고 나면 그 시간에 대한 아쉬움만 남게 되는 것이다.

버킷리스트는 인생에서 등대와도 같은 역할을 한다. 버킷리스트 속 소망은 우리가 인생이라는 항해에서 표류하지 않도록 돕는 역할을 한다. 나만의 버킷리스트를 작성해서 하나씩 이뤄나가면 삶은 결코 지루한 여행이 되지 않을 것이다.

인간은 원래 호기심이 많다. 우리는 본질적인 것에 의문을 가지고 모든 것에 의미를 부여하려고 한다. 살면서 스스로 삶의 본질에 대해 질문하고 답을 찾으려 한다. 자신의 삶에 끊임없이 질문을 던지자. 자신만의 버킷리스트를 만들어 내 삶의 답을 찾자. 이러한 의문은 의도적인 목적을 갖는다면 의미를 찾을 수 있고 스스로 자신의 삶에 대한 답을 알아내도록 돕는다. 주변의 사람들이 내 삶의 답을 대신 찾아줄 수는 없다.

오직 내 삶의 답은 내가 찾아야 한다. 내 삶에 대한 답의 열쇠는 내가 쥐고 있기 때문이다. 그래야 당당히 내 행복을 찾을 수 있다. 버킷리스트가 단지 꿈이 아니라 현실이 될 수 있도록 지금의 나에 최선을 다하자.

진로 길잡이 Q&A

## Q. 버킷리스트가 막연해요

버킷리스트는 거창하고 굉장한 꿈을 설계하는 것이 아니에요. 이루고 싶은 소망들을 기억해서 실천해가는 것이 더 중요해요. 이는 내 삶의 등대 같은 것이니까요. 가고 싶은 곳, 잊고 있던 사소한 꿈, 배우고 싶은 것들, 혹은 사소한 일상에서 내가 원했던 것, 이루고 싶은 것을 적어보세요.

# 4교시

# 대학이 아니라 꿈이 최종 목표다

꿈을 품어라. 꿈이 없는 사람은 아무런 생명력도 없는 인형과 같다.
—벨타사르 그라시안이모랄레스(에스파냐의 작가)

하루가 시작되면 오늘 무엇을 해야 할지 하루의 계획을 세운다. 그것이 타인에 의해서든 자발적이든 그날의 계획을 성취하며 하루를 보내게 된다. 그 계획이 구체적이든 아니든 상관없다. 대충 머릿속에 그려넣어도 다음에 무엇을 해야 하는지 우리는 알고 행동하기 때문이다. 계획을 세우고 움직이는 사람은 걸음걸이부터 당당하다. 확실한 자신의 주관을 가지고 움직이기 때문이다. 자신이 무엇을 위해 지금 이 일을 하고 있는지 충분히 알기 때문이다.

영어 수업시간에 배우는 영어가 나에게 어떠한 도움을 주는지, 왜 해야 하는지 알고 있는 사람은 수업 태도부터 다를 것이다. 하지만 이 시간에 왜 여기에 앉아 있는지 모르는 사람은 별생각 없이 그 시간을 보내게 된다.

목표는 계획보다는 더 큰 개념이다. 작은 계획들이 쌓여 목표를 이루게 되는 것이다. 목표를 이루다 보면 내가 그리는 꿈에 어느 순간 다가가 있는 것을 알게 될 것이다. 입시는 꿈을 이루기 위한 과정이다. 그리고 그 과정의 여러 목표 중 하나일 뿐이다. 하지만 마치 그것이 인생의 최종 목적지인 것처럼 우리는 그것만 보고 달려간다. 아무리 꿈을 위한 과정이라도 현실은 그렇지 않다고 말하는 사람도 있을 것이다. 중요한 것은 입시는 현실이라고 말하며 모두 똑같은 목표를 가지고 비슷한 꿈을 꾼다는 것이다.

우리는 꿈과 목표에 대한 구분을 좀 더 분명히 할 필요가 있다. 대학을 입학해서 원하는 학과를 들어가면 목표를 이뤄서 기뻐하는 사람들도 있지만 원하는 학과나 학교를 들어가지 못해서 또다시 고민하는 사람들도 있다. 그래서 대학 내내 스스로의 이정표를 찾지 못해 방황하는 학생들의 고민을 많이 듣는다. 대학을 졸업하고 취업을 해서도 마찬가지이다. 그때그때 계획만 세운 사람들은 목표 지점에 다가와 목표를 이루어도 또다시 자신을 찾아 바다 한가운데서 표류하게 된다. 그러므로 더 큰 꿈을 향한 목표를 또다시 계획해야 하는 것이다.

우리 각자 자신이 갖고 있는 꿈이 다르다. 하지만 다 똑같이 달려간다.

꿈이 다르면 과정도 달라야 한다. 자신을 믿고 나만의 꿈을 꿔야 한다. 당신은 움츠리기보다 활짝 피어나도록 만들어진 존재다.

―오프라 윈프리


어릴 적 친구들과 병원 놀이를 했다. 하나의 놀이지만 그 안에서 자신이 하고 싶은 역할은 모두 달랐다. 두 사람이 의사가 되고 싶어 하면 서로 역할을 바꿔가며 놀았다. 또 어떤 친구는 간호사가 되고 싶어 했다. 또 다른 친구는 약사가 되고 싶어 하기도 했다. 모두 돌아가며 환자를 한 번씩 하고 공평하게 자신이 하고 싶어 하는 역할을 하며 놀았다. 한 가지의 놀이 안에서도 각자 원하는 꿈이 있었다. 꿈의 모습이 다르듯 준비하는 과정도 당연히 달라야 한다. 하지만 우리의 꿈은 오직 대학 입시를 위한 모든 것에 맞춰져 있다. 오직 대학 입시의 통과를 위해 자신의 행복을 똑같은 기준에 두는 것이다.

우리는 모두 꽃봉우리로 태어난다. 비바람을 견디고 피어나는 꽃처럼 누구나 꽃을 피운다. 내 꽃이 피지 않을까 봐 조바심을 낼 필요가 없다. 꽃이 피는 시기는 모두 다르기 때문이다. 하지만 우리는 똑같은 시기에 꽃을 피우기 위해 그곳만 바라보며 달려간다. 중요한 것은 꽃은 핀다는 사실이다. 이 진리를 믿고 희망을 가져야 한다.

먼저 꿈을 꾸자. 그리고 그 꿈에 대해 내가 행복할 수 있는 것인지 생각해보아야 한다. 그래야 즐겁게 할 수 있고 그 시간에 집중할 수 있다.

　유치원생부터 초등학생까지 있는데 그 아이들이 모두 조용하게 앉아서 집중하고 있는 곳이 있다. 바로 레고 교실이다. 연령대가 어려도 떼를 쓰거나 뛰어다니며 방해하는 아이들도 없었다. 오직 자신의 레고를 완성하기 위해 그 표정은 대단히 진지하다. 레고를 만들어갈 때에는 완성된 모습을 상상한다. 어차피 완성이 안 될 거라 생각하면 만들어가는 과정이 지루하고 재미없는 고통의 시간이 될 것이다. 아이들은 완성을 하면 그 완성된 레고를 가지고 즐겁게 놀이를 한다. 그러면서 성취감을 느끼게 된다. 완성된 레고의 모습을 꿈꾸며 집중하기 때문에 그 과정이 즐겁다. 레고를 고를 때도 무리하게 처음부터 복잡한 레고를 고르지 않는다. 자신의 연령대가 조립할 수 있는지 먼저 레고 박스의 그림을 분석한다. 그렇게 자세히 살펴본 후에 만들어낼 레고를 선택한다. 꿈에 대한 분석도 마찬가지다. 내가 그 꿈이 실현 가능한지, 나에게 맞는 것인지 먼저 분석해야 하는 것이다. 그러면 자연스럽게 과정을 즐기게 되고 그 시간이 즐거워질 것이다. 그렇게 하나씩 목표를 성취해가면 꿈에 도달할 수 있게 된다.


　꿈을 찾는 데 사소한 관심과 생각이 그 출발점이다. 먼저 내가 살면서 즐겨 하는 일이나 습관들은 무엇인지 생각해보자. 예를 들면 친구들과 노래하는 것을 즐겨 한다든지, 노래 부르기, 글쓰기, 영화 보기, 게임하기 혹은 생활에서 정리하기 등이 있다. 자주 하는 것들을 생각해보자. 그래야 내가 정말 좋아하는 것을 꿈과 연결 지을 수 있기 때문이다. 그리고 내가 늘 공부하고 흥미를 느끼는 그 주제는 무엇인지 곰곰이 살펴보자. 혹은 도서관에 가서 내가 어느 분야의 책을 고를 것인지 떠올려도 좋다. 내가 주로 서점에서 고르는 책의 제목을 봐도 알 수 있다. 나는 항상 서점에 가면 교육이나 심리학에 관한 책을 주로 샀다. 그러다 보니 내 책장은 이 분야의 책들로 가득 채워져 있다. 그러면서 더 배워보고 싶다고 느꼈던 분야는 무엇인지 스스로에게 질문하자.

다음으로 남을 도우면서 일하고 싶은 주제가 있다면 무엇인가? 다른 사람에게 영감을 줄 만한 경험을 한 적이 있었는지, 그것이 무엇이었는지 기억해보자. 내 경험을 생각해보는 것이다. 그 경험들을 통해 내 미래의 이정표를 찾을 수 있을지도 모르기 때문이다.

이러한 생각의 과정들을 종이에 적어보자. 그럼 머릿속으로 생각만 하는 것들이 구체적으로 떠오를 것이다. 그러면 목표가 보인다. 목표 설정을 해놓으면 내가 무엇을 더 배워야 하는지 알 수 있다. 그것을 위해 어떤 학과를 가야 하는지, 어떤 곳에서 어떤 일을 해야 하는지 연결할 수 있다. 그 다음으로 계획을 세울 수 있게 된다. 계획을 통해 한 달 후 내가 성취해야 할 일이 무엇인지, 오늘 해야 할 일이 무엇인지 구체적으로 알게 된다. 그러면 종종 하기 싫은 일이더라도 나의 목표를 위해 더 나아가 꿈을 위해 꼭 해야 하는 동기 부여가 되는 것이다.

목표의 방향은 상황에 따라 몇 번이고 바뀔 수 있지만 자신이 가고자 하는 방향이 확고하다면 꿈을 이룰 수 있는 길로 다시 걸어가게 될 것이다. 그러므로 잠시 물러서게 되는 상황이 오더라도 포기할 이유는 없다. 꿈이 있다면 말이다.


인생의 최종 목표인 꿈을 꾸어라. 그러면 눈앞의 목표가 인생의 최종 종착지가 아님을 깨닫게 될 것이다. 꿈으로 세상을 바라보고 목표를 세워나가자. 그러면 삶에 대한 태도도 의욕적으로 바뀔 것이다.

우리는 매년 새해 목표를 세우고 하루의 계획을 세운다. 목표는 꿈을 이루기 위한 중간 과정이다. 꿈을 현실로 만들고 싶다면 실수와 실패에 담담해지자. 돌아갈 수는 있어도 멈추거나 포기하지 않으면 반드시 꿈은 실현될 것이기 때문이다. 꿈에 대한 절실함을 갖자. 꿈을 꾸는 것은 내 인생에 희망을 주고 오늘을 힘차게 살아갈 수 있는 원동력이 된다. 그 꿈을 사랑하고 또 꿈을 꾸자. 꿈으로 인해 오늘 설렌다면 나는 오늘도 행복한 사람인 것이다. 그러니 꿈꿀 수 있는 오늘 감사하자.

## 진로 길잡이 Q&A

### Q. 진로에 대한 확신이 없어요

. . . . . . . . . . . . . . . . . . . . . . . . . . . . . . . . . . . .

누구도 자신의 진로를 확신하는 사람은 없어요. 단지 자신을 믿을 뿐이에요. 그리고 그 길을 향해 하나씩 성취하다 보면 자신감이 생기게 된답니다. 하나씩 실천해보세요.

# 나만의 성공 스토리를 써라

새로운 것을 배우고 뭔가 새로운 것을 시도해보라.
그리고 멋진 실수를 해보라. 실수는 자산이다.
―다니엘 핑크(미국의 미래학자)

KFC 할아버지 커넬 샌더스의 이야기다. 커넬 샌더스는 65세부터 우리가 아는 치킨 프랜차이즈를 성장시켰다. 그의 치킨 프랜차이즈는 많은 수익을 올리며 세계 많은 나라에서 흔히 볼 수 있게 되었다. 65세부터 큰 성공을 이룬 그는 과연 어떤 인물이며 어떤 인생을 살아왔을까?

그는 6세 때 아버지를 잃고 10세부터 가족을 부양하기 위해 농장에서 일했다. 이후 황혼의 나이에 레스토랑을 차렸지만 곧 문을 닫게 되었다. 레스토랑은 파산 상태가 되어버렸고, 그는 자신이 가지고 있는 레시피를 팔기 위해 길을 떠난다. 하지만 안타깝게도 아무도 쉽게 그의 레시피를 사주지 않았다. 그렇게 그는 2년 동안 사람들에게 1,008번의 거절을 당했다고 한다. 그럼에도 또다시 레시피를 팔기 위해 노력했다. 끝까지 포기하지 않은 그의 노력 덕분에 마침내 레시피를 사겠다고 하는 사람을 만났다. 그렇게 KFC 1호점을 탄생 시켰다. 현재는 전 세계에 많은 점포를 내고 큰 성장을 이루었다. 실패를 반복적으로 경험했지만 포기하지 않았기 때문에 성공을 이룰 수 있던 것이다.

스티브 잡스는 애플사의 창업자로 잘 알려져 있다. 그의 성공 이야기는 책과 영화로 만들어지면서 사람들에게 많은 영감을 선사했다. 시대를 앞서가는 미래에 대한 감각과 도전으로 그는 혁신적인 사업가가 되었다. 태어나자마자 입양을 가게 된 어린 시절의 이야기부터 자신이 설립한 회사에서 쫓겨나고 복귀하기까지의 열정과 도전에 관한 이야기가 있다. 특히나 그의 미래에 대한 도전 정신과 창의적인 생각이 현실에 부딪혔을 때 극복해간 과정이 깊은 교훈을 담고 있다.

예전에 〈글로벌 성공시대〉라는 TV프로그램이 있었다. 내가 즐겨보던 프로그램 중 하나였다. 그 프로그램에는 각 분야의 성공한 인물들이 나와 그들의 성공 스토리를 들려주었다. 성공 스토리의 매회에는 감동과 교훈이 있었다. 왜 우리는 남의 성공 스토리에 감동을 받을까? 만약 그들이 아무런 고난과 역경 없이 승승장구했다면 큰 감동을 받지 못할 것이다. 영화를 보더라도 주인공이 아무런 장애물 없이 결말을 맞이했다면 사람들은 아무런 재미를 느끼지 못할 것이다. 우리의 주인공이 어려움을 극복해야 비로소 관객들이 큰 감동을 얻게 된다.

성공한 사람들의 스토리가 감동을 주는 것은 어려움을 자신만의 방식으로 극복했기 때문이다. 그들에게 어려움이 없었다면 제아무리 뛰어난 성과가 있어도 깊은 감동이나 교훈이 없을 것이다. 성공한 사람들에게는 이러한 공통점이 있었다.

성공한 사람들에게는 어떠한 특성이 있을까? 성공한 사람들은 자신만의 특별함이 있다. 무엇보다 스스로에 대한 확신과 목표에 대한 열정이 있었다.

영화 〈소셜 네트워크〉는 '페이스북'의 탄생 비화를 담고 있는 영화다. 전 세계 최연소 억만장자이자 하버드 천재 마크 저커버크. 그는 컴퓨터 프로그램을 굉장히 잘 다뤘고 제작하는 능력도 뛰어났다. 자신이 무엇을 잘하는지 무엇을 모르는지조차 모르는 사람들이 많은데 마크는 스스로를 잘 알고 있었다. 마크에게 프로그래밍이란 자기표현의 수단이었다.

결국 20대 초반에 엄청난 업적을 세우게 된다. 어린 나이임에도 자신을 가로막는 장애물을 전혀 개의치 않고 자신에 대한 믿음으로 가고자 하는 길에서 큰 성과를 거두게 된다.

스스로에 대한 믿음으로 내가 가고자 하는 길을 당당히 걸어가자. 그 길이 운 좋게도 꽃길이면 좋겠지만, 가시밭길이라도 그 어려움을 나만의 방식으로 극복하다 보면 더욱 성장한 나를 느낄 수 있을 것이다.

나의 성공 스토리를 써보자.

첫째, 나는 누구인가?

둘째, 나는 어떤 사람이 되고 싶은가?

셋째, 나는 어떤 일을 경험하고 극복하고 있는가?

넷째, 나는 사람들이 자신의 인생을 개선하는 데 어떠한 교훈을 줄 수 있을까?

스스로 성공 스토리를 작성해보면, 내가 어려움을 어떻게 극복해야 할 지 나만의 해결법을 만들 수 있다. 내가 살아오면서 배우고 성취한 모든 경험을 떠올려 목록을 만들어보자. 어쩌면 자신도 미처 몰랐던 자신만의 경험에 대해 새로운 발견을 할지도 모른다. 나의 경험과 배워 온 지식에 대해 자신감을 가져야 한다. 자전거를 타는 법을 안다고 가정하자. 많은 사람이 아는 거라 내가 자전거를 탈 줄 안다고 말하는 것이 쑥스러울 지도 모르겠다. 하지만 자전거를 탈 줄 모르는 사람에게는 방법을 가르쳐 주면서 새로운 경험을 쌓을 수 있다. 강아지를 돌보는 법도 마찬가지다.

내가 오랫동안 강아지를 키워 왔다면, 처음 애완견을 키우는 사람에게 는 나의 경험이 큰 도움이 될 수 있다. 사소한 경험이나 성취했던 것들이 누군가에게는 돈 주고 사야 하는 경험이 될 수도 있다. 그러니 스스로의 경험에 대해 자신을 가져야 한다.

스스로 나에 대한 가치를 저장하자. 저장해두지 않으면 시간이 지나서 다시 리셋이 되고 만다. 내가 처음으로 성공했던 성취 경험을 떠올리자. 그리고 그것이 무엇인지 기록해두자. 나만의 성취 노하우 혹은 방법도 기록하고, 어려움이 닥칠 때 하나씩 꺼내어 사용하자. 내가 자주 저지르는 실수가 무엇인지, 그런 상황에서 어떻게 극복하고 해결했는지 말이다. 그중에서도 가장 효과적이고 내가 선호하는 해결법은 어떤 것이었는지 천천히 살펴보자. 경험에서 알게 된 것을 구체적이고 체계적으로 정리해두자. 그래서 그것을 나만의 매뉴얼로 만들자.

매번 실패하는 사람들은 새로운 일을 할 때마다 똑같은 과정을 겪는다. 실패의 원인을 체계적으로 모색하지 않아서 또다시 그 경험을 반복한다. 반면에 성공하는 사람들은 자신만의 노하우가 있다. 이는 곧 자기 자신을 통제할 줄 아는 자신만의 시스템이다. 새로운 정보가 들어오면 나만의 성공 스토리의 시스템이 작동하게 한다. 그 안에서 시련 또는 개발이 내 경험에 의해 세워둔 프로세스에 의해 진행된다. 그렇게 실패할 확률이 조금씩 줄어든다.

스스로를 설득시키자. 내 성공 스토리에 스스로 공감할 수 있도록 말이다. 나만의 경험과 이야기에 감동과 교훈을 불어넣자. 그러기 위해서는 전략적으로 꾸준히, 그리고 일관성 있는 태도로 임해야 한다. 또한 성공한 사람들은 자신만의 분야를 깊이 있게 탐구했다는 공통점이 있다. 그러므로 우리도 관심 있어 하는 주제에 대해 연구하자. 그리고 장기적으로 꾸준히 집중하는 습관을 기르자.

이렇게 내 삶의 성공 스토리의 주인공이 되는 것을 상상해보면 어떨까? 내가 만들어놓은 성공 시스템을 실천하자. 도전하고 실패하는 것을 두려워하지 말자. 그것은 도전하는 인생의 과정일 뿐이다. 이 경험들을 소중히 여기고 그 안에서 교훈을 찾아보자. 그 삶의 주인공은 다른 누구도 아닌 바로 나다.

## 진로 길잡이 Q&A

### Q. 실패하면 어떡해요?

· · · · · · · · · · · · · · · · · · · · · · · · · · · · · · · · · ·

'실패하면 어떡하지?' 하는 두려움보다 더 두려운 것은 시도조차 하지 않는 것입니다. 실패든 성공이든 시도했다는 것 자체가 아주 칭찬할 만한 일이거든요. 시련이 있더라도 그 안에서 얻은 교훈을 기억하는 것이 더 중요합니다.

# 꼭 해야 할 것,
# 꼭 버려야 할 것

사람의 인생은 B(탄생)와 D(죽음) 사이 C(선택)이다.
−장 폴 사르트르(프랑스의 작가)

　인생은 삶과 죽음 사이의 선택이다. 모든 순간이 선택의 연속으로 우리의 삶은 선택으로 이어져 간다. 눈 뜨는 순간부터 우리는 선택을 해야 하는 상황에 놓이게 된다. 지금 일어날지, 좀 더 자야 할지, 친구를 만나야 할지, 아침을 먹어야 할지 말지 등 매 순간이 선택으로 시작해서 선택으로 끝이 난다.

　일상에서의 작은 선택부터 결정적인 순간의 선택까지 선택의 범위도 다양하다. 웹 서핑을 하면서 정보를 수집할 때도 이 정보가 나에게 도움이 되는지, 되지 않는지 곰곰이 생각해보아야 한다. 살면서 학교 선택, 학과 고민, 취업 등 삶의 길을 결정짓는 선택도 해야 한다. 선택을 하기 전 누군가의 도움을 받을 수도 있지만 최종 결정은 나 스스로 해야 한다. 결정하는 데는 각자의 방식이 있다. 나는 물건을 살 때도 평상시 알아본 정보와 평소 내 취향을 고려해서 마음에 드는 것이 있으면 바로 결정한다. 충분한 정보가 있기에 결정하는 데 어려움을 겪지는 않는다. 그러나 살 때 많은 고민을 하고도 결국 사지 못하는 사람도 있다. 또한 새로운 시도에 대한 선택을 아예 생각하지 않는 사람도 있다. 새로운 시도를 했다가 후회할 것이 두려워서 아예 결정을 못하는 것이다. 그러면서 예전에 하던 일을 계속한다. 변화하지 않으면 그것은 정지하거나 도태될 수도 있다. 그러니 결정적인 선택을 해야 할 상황이 오면 우리는 올바른 선택을 하는 법을 연습해야 한다. 그래야 결정에 대해 후회하거나 자책하지 않을 수 있다.

일상에서의 사소한 결정도 늘 친구들에게 전화해서 의견을 다 들어본 후에 결정하는 사람들이 있다. 사실 최종 결정도 결국 주변인 중 성격이 적극적인 사람이 강력히 밀어붙이면 그것으로 결정을 하는 것이다. 때로 주변 사람들은 이렇게 매번 의견을 물어보는 사람을 피곤해하기도 한다. 본인 스스로도 이러한 점을 잘 알고 있다. 매번 그럴 수밖에 없는 자신이 답답하면서도 신중한 결정을 위한 것이라며 스스로 합리화를 잘한다. 혹은 남이 하는 것을 무작정 따라 하는 사람도 있다. 특히나 내가 평소 신뢰하던 사람이 결정하면 더욱더 믿음이 가기 때문이다. 그 사람과 내가 필요한 것이 똑같지 않은데도, 무작정 따라 하고 만다. 작은 결정부터 스스로 해보자. 어차피 안 하고 후회하는 것보다는 해보고 후회하는 것이 낫다. 대신 이왕 선택한 거라면 그것이 후회가 되지 않게 최선을 다하면 된다.

지수는 17세이다. 하지만 매번 엄마에게 전화해서 밥은 무엇을 먹어야 하는지, 문구점에 왔는데 어떤 펜을 골라야 하는지 등 하나부터 열까지 일일이 엄마의 선택을 물어본다. 이렇듯 남의 선택을 따라 하거나 남의 말만 듣는 사람은 진짜 내가 원하는 것을 얻지 못할 수 있다. 왜 이런 사람들은 자신에게 솔직하지 못할까? 내가 무엇을 원하는지, 나에게 필요한 것이 무엇인지, 결과적으로 나에 대해 잘 모르기 때문이다. 대신 마음에 불안함이 생기는데 마음의 불안함은 스스로 결정을 못 하고 망설이도록 이끈다. 순간의 선택은 우리의 미래를 결정지을 것이고 이로 인해 나 스스로에게 책임이 생기기 때문이다. 그 책임은 온전히 내 몫이기에, 더 신중한 선택을 하길 원한다.

지금은 정보화 시대이다. 매일 쏟아져 나오는 정보들 속에서 우리는 신속한 선택을 강요받는다. 친구들과 저녁 메뉴를 고를 때도, 여행을 갈 때에도 다양한 경로를 통해 정보를 수집한다. 이 정보들 속에서 내게 쓸모없는 정보들은 버리고 필요한 정보들만 모아둔다. 분명한 목표 설정을 기반으로 정보에 대한 선택과 집중을 해야 한다.

애플의 창업자 스티브 잡스를 생각하면 청바지와 검정 터틀넥 셔츠가 떠오른다. 그는 이 한결같은 패션을 고수했다. 그의 옷장에는 똑같은 검정 터틀넥 셔츠와 리바이스의 청바지가 수십 장씩 쌓여 있었다고 한다. 그 이유는 선택을 단순화하기 위해서다. 즉 업무에 집중하기 위해서 자신만의 스타일을 창조했다. 매일 똑같은 옷을 입은 대신, 매일같이 무엇을 입어야 할 지 사소한 선택으로 고민할 시간을 줄인 것이다.

핸드폰만 있으면 누워서 손쉽게 의식주는 물론 문화 체험까지 해결할 수 있다. 음식, 뉴스, 각종 인기 영상, 웹툰, 음악, 영화 감상, 친구와의 소통 등 휴대폰 하나로 모든 것을 자유자재로 해결할 수 있게 되었다. 여행을 갈 때도 예전에는 지도와 여행 책을 무겁게 들고 다녀야 하는 수고를 했지만 지금은 어플 하나만 다운로드해서 다녀도 여행지의 정보를 쉽게 얻고, 어디든 자유롭게 다닐 수 있다.

쉽게 정보를 얻을 수 있는 우리의 일상은 지루할 틈이 없다. 그러다 보면 내가 가야 할 길을 미처 생각하지 못하고 하루의 시간을 흘려보낼 수도 있다. 단순한 정보만 찾아보아도 하루가 금방 지나가기 때문이다. 정보의 바다에 빠져 있는 우리에게 선택과 집중을 위한 기준은 꼭 필요하다. 나만의 가장 효율적인 방법으로 내게 필요한 콘텐츠를 수집해야 한다. 가장 효율적인 방법은 목표를 세워야 한다는 것이다. 어떠한 경우에도 목적을 떠올려야 하며 내가 현재의 삶을 살아내고 있는 이유를 결코 잊어서는 안 된다. 진로 강사인 나는 꿈을 위해 노력하는 사람들이나 힘들어 하는 사람들에게 도움을 주고자 늘 그에 관한 공부를 하려 한다. 정보를 찾겠다는 마음으로 그날의 뉴스를 다 보려 한다면 아마 신문사 사이트에서 종일 손을 못 뗄 것이다. 이를 방지하기 위해 나는 내게 필요한 JOB 직업 뉴스 카테고리를 가장 먼저 찾아 확인한다. 그렇게 사람들의 진로와 꿈에 관한 다양한 이야기들을 접한다. 순차적으로 국제 뉴스와 교육 뉴스를 찾아본 뒤, 시간이 남으면 개인적인 관심사가 있는 기사거리들을 찾아본다. 모든 정보를 찾아보기 위해 시간을 똑같이 배분한다면 내가 원하는 핵심 정보를 찾는 데 몇 배의 시간이 걸릴 것이다. 이것은 비효율적인 방법이다.

시험공부를 할 때도 마찬가지다. 모든 과목에 똑같은 시간을 투자하면 좋지만 그러기엔 현실적으로 무리가 따른다. 그래서 자신에게 필요한 과목에 더 많은 시간을 투자하고 그 외 과목에 나머지 시간을 적당히 분배해야 한다.

옷장 속에 사계절 옷들이 마구 섞여 있다면 외출할 때마다 찾아야 하는 수고를 해야 할 것이다. 계절마다 옷을 분리하고 상의와 하의를 구분해서 정리해두면 매일 아침 일일이 찾아 입어야 하는 번거로움을 줄일 수 있다. 안 입는 옷들은 정리해서 버려야 한다. 그래야 나에게 당장 필요한 옷들이 눈에 들어오기 때문이다. 또한 이러한 체계적인 옷 정리는 날씨와 외출의 목적에 맞는 옷을 수월하게 고를 수 있게 해주니 준비 시간도 단축하게 된다.

내 삶에서 필요하지 않은 부분을 정리하자. 모든 것을 다 알아야 할 필요는 없다. 그것은 오히려 나의 명확한 목표를 방해할 뿐이다. 목표로 향하는 데 방해물은 과감히 버리자. 예를 들어 친구를 자주 만나 많은 시간을 빼앗기는 것이 목표에 방해가 된다면 만나는 횟수를 조절하자. 또한 공부할 때 핸드폰이 방해가 되면 그 시간 동안에는 알림을 꺼두든지, 아예 눈에 안 보이는 곳에 잠시 놓아두자. 눈앞에 두면 뇌는 그것을 인지하기 때문에 자꾸 신경이 쓰이기 마련이다. 그러나 눈에 보이지 않는 곳에 두면 아예 생각도 떠오르지 않게 된다.

사람마다 차이는 있지만 가지고 있는 체력적 에너지는 한정되어 있다. 내게 주어진 에너지를 효율적으로 사용할 줄 알아야 한다. 선택을 단순화하자. 현재 나에게 중요한 것들만 골라 남겨두자. 그리고 그것에 시간을 더 투자하자. 그로써 내 생활을 훨씬 스마트하게 관리할 수 있을 것이다.

## 진로 길잡이 Q&A

### Q. 스스로 결정을 못 하겠어요

. . . . . . . . . . . . . . . . . . . . . . . . . . . . . . . . . . . . . . . . . . . .

도움이 필요할 때도 있지만 매번 누군가에게 의지할 수는 없습니다.
작은 선택이라도 스스로 해보는 경험을 쌓아보세요. 그리고 그 선택
에 대해 자신을 믿고 칭찬해주세요.

7교시

# 성공을 위한 마인드맵을 그려라

꿈은 날짜와 함께 적으면 목표가 되고,
목표를 함께 나누면 계획이 되며, 계획을 실행에 옮기면 꿈이 실현된다.
-그레그

"하고 싶은 일이 있어요?"

"없어요".

"아직요."

"네."

"혹시 '네.'라고 답한 학생은 무슨 일이 하고 싶은 지 말해줄 수 있나
요?"

"프로그래머요."

"왜 프로그래머가 하고 싶어요?"

"게임을 좋아하고 멋있잖아요."

"그럼 어떻게 무엇을 준비해야 할까요?"

"몰라요….."

 

고등학교 진로 수업 시간에 학생들에게 물어보면 진로를 어느 정도 생각하는 친구와 아직 고민 중인 친구가 있다. 하고 싶은 게 있다고 대답한 학생도 자신의 진로에 대해 막연해했다. 꿈을 꾸는 나이는 정해져 있지 않다. 하지만 진로는 꿈을 위한 목표 중 하나여야 한다. 목표는 분명해야 한다. 그것을 이루는 과정은 구체적으로 계획을 세워야 한다.

그럼 진로를 위해 고려해야 할 것은 무엇일까?

첫째, 꿈의 방향을 정해야 한다. 그래야 어떤 공부를 하고 싶은지 알 수 있다. 하지만 학교와 학과를 먼저 정하는 사람들도 있다. 그리고 자신의 진로를 학과에 맞추어 생각을 한다. 앞으로의 시대는 자신의 개성과 능력만으로도 얼마든지 경제 활동을 이어갈 수 있는 시대적 발판이 마련되었고 더 발전하고 변화하고 있다.

한국화에서 눈높이에 따라 바라보는 원근법이 있다. 부감법은 그림의 시점을 높은 곳에서 아래를 내려다보는 것처럼 그리는 방법이다. 반면에 산 아래에서 정상을 올려다보듯 그리는 방법을 고원법이라고 한다. 당장의 학교 학과만 바라보는 것은 고원법의 관점에서 세상을 바라보는 것과 같다. 꿈의 방향을 정하고 숲을 바라보는 관점에서 나무를 볼 줄 알아야 한다. 부분에서 전체를 보면 오류가 생길 확률이 더 크기 때문이다. 만약 눈앞의 나무에 집중하다가 다른 나무로 이동해야 한다면 그간의 노력과 수고 때문에 쉽게 옮기지 못할 것이다. 전체에서 부분을 보면 사고의 융통성이 생긴다. 따라서 잘못된 것은 수정하고 좀 더 필요한 것은 자세히 묘사할 수 있다. 부감법의 시점으로 내 진로 마인드맵을 바라보자.

둘째, 하는 일이 무엇인지 알아야 한다. 내가 생각한 직업이 어떤 일을 하는지 구체적으로 알아보아야 한다.

20대 직장인이 나를 찾아왔다. 대학 내내 오직 취업만 생각하고 준비했다고 한다. 그 결과 졸업 후 바로 취업이 되어 회사를 다니게 되었다고 한다. 회사의 업무는 자신이 생각했던 일보다 훨씬 더 다양했다. 여러 가지 일을 한꺼번에 처리하지 못하는 성향 탓에 늘 상사에게 혼나기 일쑤였다. 그렇게 매번 꾸지람 듣는 것이 반복되는 일상이 되자 자존감은 떨어지기 시작했다. 결국 1년여 만에 회사를 그만두고 자신이 원하는 공부를 더 하기 위해 대학원 진학을 선택했다. 취업에 목적을 두기 전에 하는 일이 무엇인지 그 일에 대한 더 정확한 정보를 알아야 한다.

셋째, 내 성향에 맞는지 역량을 살펴보아야 한다.

고등학생인 정현이는 음악을 좋아하는 학생이었다. 그래서 정현이의 꿈은 가수가 되는 것이었다. 일주일에 한 번 보컬학원에도 다니면서 기본적인 역량을 쌓아갔다. 그러면서 각종 오디션에도 참가했다. 하지만 매번 오디션에 나갈 때마다 평범한 목소리에 개성이 없다는 평가를 받았다고 한다. 결국 정현이에게 슬럼프가 찾아왔다. 그러면서 자신의 진로를 다시 생각해보는 계기가 찾아왔다. 정현이는 예술성과 탐구성 성향의 학생이었다. 정현이의 노래 실력을 판단할 수는 없었다. 하지만 정현이는 음악성 외에도 음악에 대한 지적인 탐구심이 높았다. 한 가지 팝 음악에 대해서도 굉장한 지식과 전문가적인 식견을 지니고 있었다. 그래서 음악 평론가라는 직업에 대해서도 소개해주었다. 꼭 음악 평론가가 정답이 아니라 음악이라는 분야 안에서 정현이의 성향과 역량을 참고한 것이다. 그러니 가수가 아니라서 스스로 좌절하거나 포기할 필요가 없었다. 내 성향과 역량을 잘 살펴보고 진로를 수정해가면 된다.

### 넷째, 진로를 통해 꿈을 그려나가자.

진로는 인생의 최종 목표가 아니다. 내가 충분히 만족스러운 인생을 살기 위해 노력하고 있는 것은 무엇인지 곰곰이 생각해야 한다. 스스로 가치 있는 존재가 되기 위해 무엇을 하고 있는지 말이다. 아무리 남들이 부러워하는 직업을 가져도 내 삶의 의미를 모른다면 빈 껍데기와 같다. 그 허전함을 채우기 위해 나를 잘 알아야 한다. 그렇게 나에게 더 많은 시간을 투자해야 한다. 그래야 내가 진정 원하는 삶의 그림이 떠오를 것이다. 크게 넓게 보고 나의 꿈을 그려 나가야 한다. 꿈을 크게 꾸자.

다섯째, 꿈을 위해 준비해야 한다. 꿈을 꾸었다면 꿈을 이루기 위해 필요한 것은 무엇인지 알아봐야 한다.

예를 들어 나의 꿈이 〈해리포터〉 시리즈의 작가인 JK 롤링처럼 작가가 되는 것이라고 치자. 그러면 무엇을 준비해야 할까? 먼저 많은 경험을 쌓고 책을 읽어야 한다. 이를 통해 간접경험을 하고 세상을 보는 시야를 넓힐 수 있다. 그리고 타인에 대한 공감 능력을 키울 수 있다. 그러면서 타인과의 긍정적인 소통을 쌓아야 한다. 또한 자신의 감정을 글로 표현할 수 있도록 작문 능력을 키워야 한다. 사소한 일상을 기록하고 돌아보는 습관을 길러야겠다. 또한 일기 쓰는 습관을 길러야 한다. 이외에도 자신이 세계적인 작가가 되기 위해 지금 할 수 있는 역량을 준비해가야 하는 것이다. 한식 요리사가 되어 한식을 세계적으로 알리고 싶다고 고등학생인 내가 당장 여러 나라를 다니면서 홍보할 수는 없다. 이를 위해 목표를 세우고 구체적인 계획을 세워야 한다. 한식조리사 자격증을 따기 위한 정보들을 찾아보아야 한다.

또는 초등학생이 멋진 수상구조원의 꿈을 가지고 있다고 치자. 지금 자격증을 따기에는 나이가 어리니 이 학생이 할 수 있는 것은 꿈을 위해 수영을 배우는 것이다. 이처럼 꿈을 위해 차근히 준비하되 나의 환경에 맞게 준비해야 한다.


목적 없이 삶을 살아가는 것은 컴컴한 터널에서 여기저기 헤매는 것과 같다. 그 컴컴한 곳을 여기저기 더듬어가며 걸어간다면 얼마나 두렵고 무서울까? 내가 가고자 하는 방향을 정해놓고 그 빛을 따라 걸어가자. 다양한 상황과 요인을 고려하여 나만의 진로 마인드맵을 구상해보자. 그리고 내 마음속에 떠다니는 막연한 생각들을 정리하자. 그러면서 내 마음의 지도를 하나씩 그려 보자. 그 과정에서 진정으로 가고자 하는 내 길이 무엇인지, 그 보물섬을 찾을 수 있을 것이다.

### 진로 길잡이 Q&A

**Q 진로는 정했는데 지금 무엇을 해야 할지 모르겠어요**

학년별 나이별로 진로에 필요한 목표와 구체적인 계획을 세워 보세요. 단 현재 상황에 맞게 실현 가능한 것을 하나씩 세워보세요. 그럼 오늘 해야 할 일이 보일 거예요.

8교시

# 강점과 연결된 진로를 선택하라

당신이 잘하는 일이라면 무엇이든 행복에 도움이 된다.
-버트랜드 러셀(영국의 철학자)

초등학교 5학년 때였다. 아파트 상가에 무용학원이 새로 오픈을 했다. 우연히 그곳에서 동그랗게 말아 올린 머리를 한 언니들이 학원에서 나오는 것을 보았다. 그 모습이 너무나도 예쁘게 보였고, 곧 학원에 다니는 언니들이 동경의 대상이 되어 나는 엄마를 조르기 시작했다. 무용학원에 보내달라는 것이었다.

엄마는 "뛰는 것도 싫어하는 아이가 어떻게 무용을 하느냐?"라며 반대하셨다. 그러나 정말 열심히 하겠다며 무작정 열정을 내세워 졸라대서 나는 결국 학원에 다니게 되었다. 첫 시간, 처음 하는 동작에 서툴러 나는 선생님을 따라 하기 바빴다. 중간에 한 명씩 나와서 동작을 선보이는 시간이 매 수업마다 있었는데, 내 차례가 되기 전 줄에 서 있는 그 순간이 매번 공포로 다가왔다. 사람들 앞에 서는 것이 당시에는 엄청나게 부끄러웠다. 사람들 앞에 서 있을 뿐 아니라 앞에서 동작까지 해야 하니 불안감에 심장이 빠르게 뛰곤 했다. 그럼에도 연습을 하면 차차 괜찮아질 거라고 믿으며 꿋꿋이 참고 버텼다. 한 달, 두 달이 지나고 어느새 1년이 지나도 사람들 앞에 서는 나의 공포심은 사라지지 않았다. 그런 나에 비해 같은 날 등록한 승민이라는 친구는 한 번 배운 동작은 신기하게도 곧잘 기억하고 따라 했다.

선생님은 동작을 금방 익힌 승민이에게 자주 칭찬해 주셨고 다음 연결 동작을 하나씩 가르쳐주셨다. 동작을 기억하는 것도 쉽지 않았던 나는 그런 승민이가 부러웠다. 점점 자신감을 잃어가던 나는 학원이 끝나고 집에 오면 식구들에게 괜한 짜증을 부리기도 했다. 1년에 한 번뿐인 무용 발표회를 준비했을 때도 큰 무대에 선다고 생각하니 두려웠다. 그리고 밤마다 그 장면이 떠올라 잠도 잘 오지 않았다. 그래도 한 번쯤은 큰 무대에 서 보고 싶은 욕심에 그만둔다는 말은 엄마에게 끝까지 하지 않았다. 그 후 몇 달 후 무대에 오르기는 했지만 나는 무대를 전혀 즐기지 못하고 내려왔다. 그 후로도 나는 자존심과 끈기로 2년을 더 다니다가 결국 흥미를 못 느낀 채 학원을 그만두었다.

단지 좋아 보인다는 이유로, 단순한 호기심에 시작을 했지만 운동 신경이 부족할 뿐더러 움직이는 거 자체를 좋아하지도 않았던 나는 흥미를 지속하기가 힘들었다. 몇 시간이고 앉아서 그림을 그릴 때는 재미있었다. 하지만 몸으로 감정을 표현하는 것에는 재능이 없었던 것이다. 끈기로 노력을 했지만 스트레스만 받았을 뿐 성취감을 느끼지 못한 채 오히려 자존감만 떨어졌다. 반면에 승민이는 결국 무용학과에 진학을 했고 지금도 자기 분야에서 열심히 일을 하고 있다. 승민이는 자신의 적성과 흥미가 일치해, 재능과 시간을 투자해서 무용으로 자신의 진로를 찾아갔던 것이다. 아무리 단순한 흥미로 시작했더라도 본래의 적성에 맞지 않으면 성취감을 느끼기 어렵다. 이는 자존감을 떨어뜨리기에 이를 수도 있다.

나는 내 재능을 알지 못했다. 무용 학원을 관두고 중2가 되었을 무렵, 국어와 영어에 흥미를 느꼈다. 수업 자체가 재미있었고 시험공부를 집중적으로 하지 않아도 점수가 잘 나왔기 때문이다. 한번은 중간고사가 어렵게 나온 적이 있었는데, 국어 선생님이 나에게 다가오셔서 이번 시험의 난이도에 대해 물어보셨다. 선생님께서 내게 주시는 관심이 좋았다. 그래서 국어만큼은 더 열심히 공부했다. 선생님의 칭찬 한마디가 나의 재능을 일깨운 것이다. 점차 나의 강점은 언어 과목이 되었다. 운동신경이라고는 전혀 없던 내가 무용을 하겠다고 했으니 흥미를 느끼지 못한 것은 당연한 것이었다. 그리고 내가 좋아하는 과목을 잘하는 과목으로 만들었다. 제일 좋아하는 국어 선생님처럼 학생들에게 희망을 주는 그런 사람이 되고 싶다고 꿈을 꾸게 되었다. 고등학교 한국화 미술 시간, 그날의 주제는 북어 그리기였다. 우리는 모둠별로 앉아 북어를 그리기 시작했다. 미술 선생님이 돌아보다가 내 북어 소묘를 보고 칭찬해주셨다. 그러자 쉬는 시간에 반 친구들이 내 주위에 모여들기 시작했다. 그러면서 자기 것도 그려달라고 여기저기 성화였다. 내성적이었던 나는 그러한 관심으로 뿌듯해졌다.

그 후로 나는 혼자서 미술학원을 여기저기 알아보기 시작했다. 학교 수업을 마치고 학원에 가서 밤 10시까지 그림을 그렸고, 이후 독서실에서 새벽 2시까지 학업 보충을 했다. 체력적으로 매우 힘든 과정이었지만 동시에 재미있었다. 예전에 무용 학원을 다녔을 때처럼 스트레스를 받지도 않았고 그저 하고 싶은 미술에 열중할 수 있었다. 인물화를 배우면서 사람들의 표정을 깊이 관찰하게 되었고 그러면서 자연스럽게 심리에 관심을 갖게 되었다. 나는 호기심이 많은 편이다. 현재 하고 있는 공부나 일이 있어도 그것에 멈추지 않았다. 더 궁금해하고 더 알고 싶은 욕구를 채우고자 늘 찾아다니고 고민했다. 그렇게 배우고 싶고 하고 싶은 일을 찾아 나의 진로가 변화되었다.

진로에 대한 고민은 누구나 한다. 청소년뿐만 아니라 취업 준비생, 정년 퇴임을 해서도 재취업을 위해 준비하는 사람들 등 각자의 환경은 다르지만 내 흥미와 적성에 맞는 진로를 찾아가는 과정은 내가 주체가 되어 결정해야 한다. 나도 나를 설레게 했던 그 무언가를 향해 가고 있다. 그러면서 관련된 일들을 하게 되었다. 그러면 해야 할 일이 보이고 그에 대한 목표가 생긴다. 나는 그렇게 나의 진로를 걷고 있고 더 큰 꿈을 위해 현재 노력하고 있다.

내가 잘하는 과목과 좋아하는 과목이 무엇인지 생각해보자. 재미있는 과목을 찾아서 왜 그런지 분석해보자. 어떤 학생은 성적이 잘 나와서, 또 다른 누구는 선생님이 좋아서, 혹은 그냥 과목 자체가 재미있어서일수도 있다. 이유는 제각각 다를 것이다.

강점 코칭을 받은 자영이는 중2였다. 자신이 잘하는 게 없다며 많은 고민을 하고 있었다. 검사 전 설문지에 적어놓은 내용 중 좋아하는 과목이 음악 시간이었다. 이유는 선생님이 좋아서였다. 하지만 자신은 음악에 대해 큰 관심은 없다고 한다. 단지 좋아하는 음악 선생님이 아델을 좋아하셔서 자신도 아델 음악에 빠져 들고 있다고 했다. 이후 검사 결과를 보니 자영이는 예술 영역이 높게 나왔다. 아델 음악에 대한 분석과 자신만의 해석력이 독특했다. 자신에게 잠재되어 있는 음악적 재능을 모르고 있었는지 모른다. 두 번째 높게 나온 영역은 현실형이었다. 그래서인지 기계 조작에 흥미가 있다고 했다. 기계로 음악을 제작하는 미디음악 분야를 추천해줬는데 자영이는 그런 분야는 몰랐다며 자신이 딱 원하던 분야라며 흥미를 보였다. 직업 정보에 대해 잘 몰랐기 때문에 자신의 잠재된 재능과 연결이 안 된 것이다. 음악 내에서도 다양한 분야가 많기 때문에 자신의 성향과 재능에 맞는 일을 구체적으로 찾아가야 한다.

평소에 글 쓰는 것을 좋아하던 명선이는 작가가 되겠다는 꿈이 있었다. 막연하게 글 쓰는 것을 즐겼기에 홀로 습작했다. 시 쓰는 것을 좋아해서 시 쓰기 대회에도 계속 나가봤지만 교내 수상은 물론 교외에서도 상 한 번 못 타자 글쓰기가 싫어졌다고 한다. 강점 검사 결과 명선이는 언어능력이 있는 학생이었다. 한번은 명선이가 쓴 시 습작들을 읽어 보았다. 명선이는 시보다는 산문에 대한 문장력이 더 좋았다. 감성보다는 논설문에 대한 비평 능력이 뛰어났고 문제의식에 대한 관점이 차별화되어 있었다.

글쓰기도 글의 성격 따라 필자의 성향을 알 수 있다. 같은 작가라도 인간의 삶을 이야기로 잘 풀어내는 사람은 드라마 작가, 아이디어와 순발력이 뛰어난 사람은 구성 작가, 게임 시나리오 작가, 극작가, 영화 시나리오 작가, 나의 전문 분야가 있다면 칼럼리스트 등 작가라는 직업도 성향에 따라 얼마든지 찾을 수 있다. 또한 서점에 가면 사회문학, 소설, 자기계발서 등 책도 성격에 따라 다양하게 나누어진다. 글쓰기에 관심과 재능이 있다면 자신이 관심 있어 하는 분야의 진로로 나아가면 된다. 명확한 진로를 모색하기 위해서는 글이라는 분야에서도 자신 있게 쓸 수 있는 분야를 파악해야 한다. 그러기 위해서는 먼저 자신의 강점 분야가 무엇인지 파악하는 것이 중요하다.

똑같은 시간을 투자하더라도 내가 잘하는 일을 하면 그 효과가 배로 나타난다. 결과물이 나왔을 때 일의 성취감도 크게 느껴진다. 이것은 곧 자존감과도 연결된다. 흥미 있는 일을 하면서 그 과정이 즐거워지면 난관에 부딪히더라도 이겨낼 수 있는 마음의 근력이 생기는 것이다. 반면에 잘하지 못하는 일을 하게 되면 일을 배우는 속도도 느리고 결과물도 스스로 만족스럽지 못할 수 있다. 인정을 받지 못하면 반복된 실패는 자존감을 떨어뜨리는 결과를 가져올 수 있다. 잘할 수 있는 일을 하면 지속할 수 있는 가능성이 높아진다. 이는 열정이 지속될 수 있기 때문이다. 더 즐겁게 일을 할 수 있어 삶의 만족도가 높아진다. 나아가 자신의 소질을 정확히 알고 이를 토대로 노력하는 사람은 그 분야의 최고가 될 수 있다는 것을 꼭 기억해두자.

진로 길잡이 Q&A

## Q. 잘하는 것은 있는데 좋아하지는 않아요

. . . . . . . . . . . . . . . . . . . . . . . . . . . . . . . . . . . . . . . . . . . . .

잘하는 일이 있다는 것은 아주 큰 자신감이 될 수 있어요. 내가 가지고 있는 것을 더 발전시키면 좋아하게 될 거예요. 잘하는 일에 성취감을 느끼고 칭찬을 받으면 그 일을 좋아하게 되고 열정이 생기니까요.

네 번째
수업

인생을 바꾸는
진로 수업 8가지

## 1교시

# 변화를 두려워하지 마라

자신을 먼저 변화시켜라.
여러분이 이 세상에서 바꾸고 싶은 대상은 바로 자신이어야 한다.
―마하트마 간디(인도의 정치인)

아이들과 미국 동부 여행을 계획 후 1주일 만에 비행기에 올랐다. 사람에 따라 몇 달 전부터 계획을 세우는 사람도 있을 것이다. 나는 무언가 떠오르면 계획을 세우고 바로 실천에 옮기는 성격이라 1주일 만에 여행에 오르는 것이 가능했다. 날짜와 목적지만 정한 채 대략적인 계획을 세웠다. 그것도 6월 여름 방학 최성수기 때 말이다. 여행사를 통해 가는 것이 아니라 걱정이 되긴 했지만 설마 우리 셋이 잘 곳도 없겠나 싶었다. 결과적으론 잘 지내다가 돌아왔다. 깜깜한 하늘 뉴욕 JFK 공항에 비행기가 착륙할 때는 온갖 두려움이 몰려들었다. 그때 아무리 두려워도 여기서 도망칠 수는 없으니, '그래, 나는 아이들과 좋은 추억을 갖고 다시 이

공항에 도착할 거야. 이 여정을 즐기자!'라고 마음속으로 의지를 다졌다. 이렇듯 똑같은 비행기 안이지만 다르게 생각하기 10분 전과 이후의 태도가 달라짐을 느낄 수 있었다. 두려움이 낯선 세상으로의 호기심과 설렘으로 바뀐 것이다. 사람은 누구나 낯선 미지의 세계에 대한 두려움을 가지고 있다. 여행 시작 전 나도 두려웠지만 그 두려움은 지극히 당연한 것에 불과했다. 생각을 바꾸면 그 두려움을 이해할 수 있게 된다. 두려움이 없다는 건 새로움에 대한 도전이 없다는 것이다.

세상은 변화하고 있는데 사회 발전이나 생각은 오랜 세월이 필요하다는 생각이 든다. 우리가 할 수 있는 일은 늘어났는데도 사람들은 여전히 안정적인 길로만 가려고 한다. 청소년 강의를 가면 대부분의 학생은 안정적인 직업을 선호한다. 남이 가보지 않은 미지의 세계로 가는 것은 불안한 것이다. 낯설음을 두려워하지 말고 설렘을 느껴보자. 그 설렘이 주는 긴장감을 즐겨보자. 일이나 학습에 대한 긴장감이 너무 없으면 능률이 오르질 않는다. 긴장감은 집중하게 하는 힘을 가지고 있다. 그렇다고 긴장감만 가지라는 것이 아니다. 적당한 긴장감을 뜻하는 말이다. 그리고 두려움을 줄이기 위해서 조금씩 멈추지만 않고 나아가면 된다. 진보적인 목표를 향해서 말이다. 변화는 서서히 자리 잡아가기에, 갑자기 바꾸기는 어렵다.

우리에게 처음이었던 그 어떤 순간을 떠올려보자. 그때가 여행지에 관한 것이든, 새 학기에 처음 들어선 낯선 교실이든, 누군가를 처음 만났을 때든 마찬가지다. 낯선 환경은 누구나 불편하고 어색하다. 반복되고 익숙해지면 행동도 자유로워진다. 살면서 모든 새로운 순간을 피할 수는 없다. 새로운 사람도 만나고 입학과 졸업을 하면서 새로운 사회에서의 낯선 환경과 마주하게 된다. 의도하든, 그렇지 않든 우리는 그 흐름에 맞추어 따라간다. 그것은 지극히 자연스러운 흐름이다. 그저 흐름에 나를 맡기면 된다. 그 안에서 멈추지 않고 새로운 목표를 향해 조금씩 나아가면 어느새 낯선 두려움에 대해 이해하게 된다. 그렇게 앞으로 나아가면 예전과 조금이라도 다른 내가 되어 있을 것이다.

내가 바꾸고 싶은 것이 있다면 '꼭 바꿔야지, 열심히 할 거야.'라는 결심만으로 달라지지 않는다. 말이 행동으로 이어질 때 바꿀 수 있는 것이다. 나도 예전에 매일 책상 위에 다짐하는 문구를 열심히 붙여놓았다. 그 순간만큼은 의지가 활활 타올랐다. 반드시 이루리라는 스스로에 대한 믿음도 확고했다. 그러나 '작심삼일'이라는 말처럼 하루, 이틀, 사흘이 지나고 결국 일주일 뒤 내 책상에 붙여놓은 의지의 문구들은 기억 속에서 희미해졌다. 스스로 다음 주부터 다시 시작하자고 마음을 다잡는다. 그러다 어느새 처음의 다짐을 잊고 계획을 수정하기도 한다. 혹은 계획 자체가 아예 없었던 일이 되기도 한다. 이렇듯 수없이 나의 게으른 행동이 반복된 적이 있다. 지금은 예전의 모습을 거울삼아 조금은 현실적인 행동으로 바꾸었다. 나에게 맞게 조금씩 수정해가면 된다. 정해진 건 없다. 천천히 가더라도 내가 원하는 목표를 향해 가기만 하면 된다. "급할수록 돌아가라."는 속담을 새기면서 말이다. 시험공부를 미루다가 늦게 시작할 때가 있다. 해야 할 과목은 많은데 한 번씩은 봐야 하니 조급해지기만 한다. 이런 조급한 마음으로 시간에 쫓기다 보니 결과는 당연히 예상만큼 나오기 어렵고 결국 후회가 밀려오게 된다. 하지만 스스로 새로운 마음가짐을 갖지 않으면 다음 시험에서도 이러한 나태함은 변화될 수 없다. 토끼와 거북이 이야기가 있다. 누가 봐도 토끼의 승리가 당연했지만 승자는 거북이였다. 거북이는 목표에 대한 확고한 의지가 있었던 것이다. 토끼보다는 느리더라도 멈추지 않고 결승점까지 목표를 향해 한 걸음씩 갔다. 너무 빨리 가려고만 하면 그만큼 실수도 많이 생긴다. 천천히 가더라도 신중하고 꾸준하게 자신이 원하는 목표를 향해 나아가야 한다.

새로운 목표를 향한 실천을 해 나가면서 우리는 명심해야 할 것이 있다. 바로 행동을 위한 생각의 변화다. 새로운 행동을 실천하려면 당연히 생각도 변해야 한다. 생각이 바뀌어야 몸이 움직이는 것이기 때문이다. 기존에 자신이 가지고 있던 기준으로 새로운 행동을 받아들이기에는 시간이 필요하다. 납득이 되어야 자발적으로 행동하게 되기 마련이다.

놀이터에 있는 시소를 떠올려보자. 시소는 균형이 맞지 않으면 한쪽이 내려앉는다. 마찬가지로 우리의 생각과 행동은 균형을 맞춰야 한다. 그래야 건강하게 새로운 변화에 적응하면서 환경에 끌려다니지 않을 수 있게 된다. 낯선 행동은 자신을 위축시키고 망설이게 한다. 자신감 있고 행동으로 이끄는 힘은 바로 긍정적인 사고이다. 긍정적인 사고는 행동을 편안하고 당당하게 만들 수 있다. 긍정적인 생각은 모든 변화를 더 좋은 방향으로 안내해줄 것이다. 스스로 그 생각을 믿고 각자의 목표에 대한 집중을 더 잘할 수 있게 된다.

새로운 변화가 익숙해지면 습관으로도 이어질 수 있게 된다. 습관은 우리의 뇌를 변화시킨다. 특히 긍정적인 말은 행복감을 만들어내는 도파민을 분비하게 한다. 이것은 긍정의 힘이다.

A, B 두 사람이 여행지에서 길을 잃었다고 상상해보자. 낯선 장소에서 불안감이 몰려드는 것은 당연하다. 여기서 A는 침착하게 방향을 알아보고 방법을 천천히 궁리한다. 반면에 B는 걱정만 하고 아무것도 하지 않는다. 이렇게 두 사람은 길을 찾기 위한 방법이 다르다. 걱정만 하는 사람은 현실에 머무르다 결국 부정적인 생각에 불안감을 갖게 될 것이다. 이는 또 다른 부정적인 생각을 만들고 행동으로 이어지게 된다. 반면에 똑같은 상황과 시간을 보내고 있는데도 긍정적인 생각을 하는 사람은 상황을 변화시킬 힘이 생길 것이다. 이렇듯 두 사람의 생각의 차이는 다른 행동과 다른 결과를 가져오게 한다.

문화체육관광부에서 청소년의 언어생활에 대해 조사한 결과에 따르면 평소에 욕설이나 비속어를 전혀 사용하지 않는다고 답한 학생은 전체의 4%밖에 되지 않았다. 고등학생 한 명이 학교에서 4시간 동안 평균 385 번의 욕을 한다고 한다. 부정적인 언어는 주변 사람들의 생각까지도 부정적으로 만든다. 반면에 긍정적인 언어를 사용하고 소통하는 사람은 격려와 배려를 불러온다. 부정적인 생각을 하는 사람이 한 번에 변화될 수는 없다. 부정적인 생각이 들 때나 말이 앞서는 경우에는 긍정적인 언어로 말하는 연습을 해야 한다. 이제는 소통이 중요한 시대다. 기업은 물론, 유튜버 등 콘텐츠 제작자들도 소통을 잘하는 사람일수록 성공한다. 나의 소통 스타일이 어떠한지 진단해보자. 올바른 언어의 사용이 내 생각을 변화시키는 가장 기본이기 때문이다.

익숙한 것에 안주하면서 불평하는 자신의 모습이 보인다면 나 자신을 돌아보자. 그것은 곧 더 이상 익숙한 것에 끌려다니기 싫다는 내 안의 신호일지도 모른다. 그렇다면 변하자. 변화를 두려워하지 말자. 긍정적인 생각을 가진 사람들과의 올바른 소통은 내가 원하는 모습으로 나를 변화시킬 것이다. 작은 언어 습관부터 시작해보자.

## 진로 길잡이 Q&A

### Q. 저는 어차피 해도 안 돼요

· · · · · · · · · · · · · · · · · · · · · · · · · · · · · · · · · · · · · · · · · · · · ·

지금부터 '나는 된다'는 긍정적인 생각으로 바꾸어보세요. 생각이 변하지 않으면 아무것도 변하는 것이 없어요. 생각이 변해야 행동도 변하고 행동이 변해야 마음도 달라진답니다.

## 2교시
# 혼자 생각하는 시간을 즐겨라

우리의 생각은 우리의 운명을 결정한다.
우리의 운명은 우리의 유산을 결정한다.
－제임스 앨런(영국의 작가)

고등학교 때 수업이 끝나고 가슴이 답답하면 종종 버스를 탔다. 종점에서 종점까지, 이어폰에서 흘러나오는 노래를 들으며 오고 갔다. 창밖을 내다보고 달리는 차 안에 있으면 마음이 그렇게 편안했다. 특별히 무슨 일이 생겨서 그런 것은 아니었다. 다만 반복되는 일상이 갑자기 답답하게 느껴질 때가 있었다. 아마도 당시에 나는 사춘기를 그렇게 보냈던 것 같다. 그 시간은 온전히 나만을 위한 시간이었다. 버스 안에는 나를 아는 사람도 내가 신경 써야 할 누구도 없었다. 단지 이름 모를 버스가 나만의 공간이 되어주었다. 당시 고등학생이었던 내가 안전하게 할 수 있는 행동이었고 유일한 도피처였다.

버스를 타고 한 바퀴 돌고 오면 왜 마음이 편안해지는지 이유를 알 수 없었다. 그저 이 생각 저 생각을 하며 창밖의 풍경을 바라보았다. 특별한 생각을 하지는 않았다. 그저 버스 안에서 세상 밖을 바라보는 것이 좋았다. 달리는 길이 큰 시내일 때도 있고 복잡한 시장을 지나칠 때도 있었다. 버스 안은 늘 사람들로 붐볐다. 때로는 할머니께 자리를 양보해서 일어서서 갈 때도 있었다. 한적한 도로를 달릴 때는 한적한 분위기에서 현재의 나를 돌아보기도 했다. 그러다가 종점에 도착하면 내려서 다시 출발하는 버스를 탔다. 낯선 곳에 내려 그 주변을 돌아다니며 간식을 사 먹었는데 놀랍게도 내성적이었던 내가 길을 물어보기 위해 낯선 사람에게 먼저 말을 걸기도 했다. 신기한 일이었다. 친구들에게 먼저 말을 거는 성격이 아니었지만 어쩔 수 없는 상황 속에서는 나의 또 다른 모습이 나오기도 했다. 종점에서 출발하는 버스를 타고 집으로 돌아가는 길에는 다시 똑같은 노선이 반복된다. 같은 길을 돌아가는데도 이전의 느낌과 또 다른 감흥을 준다. 같은 버스 안이라도 시간대가 달라서인지 다른 풍경에 새로운 생각이 들게 된다. 시장을 지나치는 같은 길이었다. 돌아가는 길에서는 사람들이 별로 없었다. 사람들이 장을 보는 시간대가 달라서였다.

그렇게 수없이 많은 길을 돌아가는 동안 인생에 대해 고민했다. 버스가 인생이 흐르는 시간과 같다고 생각했다. 수많은 사람이 버스 안에 타고 내리는 사람들처럼 내 삶에 스쳐 지나간다. 그렇게 생각하면서 현재 나를 힘들게 하는 사람을 떠올려보았다. '어차피 내 인생에 스쳐가는 사람이니 깊이 생각하지 말자.' 그렇게 사람과의 관계에 대해 스스로 마음의 정리를 했다. 시장에서 많은 사람들이 타고 내릴 때에는 내 인생에서 가장 바쁜 시기에 대입할 수 있었다. 그 시기에는 '저렇게 많은 사람들을 만나게 되겠지.'라며 상황을 나름대로 해석했다. 자리를 양보하듯이 살다 보면 '온전히 내가 양보해야 할 때도 있겠구나.'라고 생각했다.

그때 버스를 타고 생각했던 것들은 내가 살아가면서 종종 깨우치는 것과 별반 다르지 않다. 단지 잊고 지내면서 살았던 것 같다. 지금은 가족과 여행을 가고 친구와 함께 가기도 하지만 나는 혼자 하는 여행을 가장 좋아한다. 어릴 때는 혼자 여행을 갈 수 없어서 버스를 타고 종점을 다녔지만, 그 당시 나에게는 여행하는 것과 같았다. 혼자 여행을 갈 때면 어렸을 적처럼 온전히 나에게 집중할 수 있어서 그 시간이 좋다.

고등학교 시절에는 버스를 탔지만 성인이 되어서는 여행을 즐긴다. 사람마다 혼자 있는 시간을 위한 환경은 다르다. 혼자 있는 시간은 중요하다. 왜 혼자 있는 시간이 중요할까?

나를 발견하는 시간이기 때문이다. 평소의 나를 정리할 수 있도록 한다. 주변 사람이나 환경에 의해 정채성에 혼란이 올 때 현실에서의 나를 환기시켜주기 때문이다. 누구와의 관계도 없고 책임도 없는 시간이니, 가끔은 나를 돌아봄으로써 나의 모습을 찾아갈 수 있다. 스스로 더 잘 알게 되고 몰랐던 모습을 알 수 있다.

버스에서 창밖을 내다볼 때의 작은 변화가 평소 생각해왔던 관점에 새로운 시각을 전송하는 계기가 되기도 한다. 주변 사람이나 내가 싫어하는 일에서 자유로워질 수 있다. 누군가와 타협해야 할 시간도 필요 없다. 오직 나를 위한 시간이 주어진다. 먹고 싶은 것, 가고 싶은 곳, 온전히 자신을 위해서만 좋아하는 것에 열중할 수 있는 시간이다. 앓고 있는 내 고민을 잠시나마 떨쳐버릴 수 있다. 혼자 있는 시간은 나를 둘러싸고 있는 일상에서 자유롭게 한다.

종점에서 낯선 사람에게 길을 물었을 때, 평소의 내 모습과는 달라 이전에는 상상도 할 수 없는 모습이었다. 나는 매일 똑같은 길을 오고 다녔기 때문에 이러한 상황을 맞닥뜨릴 일이 드물었다. 하지만 낯선 상황에서 낯선 사람에게 말을 거는 나 자신을 보고 또 다른 나의 모습을 알게 되었다.

요즘 혼자 핸드폰 게임을 하는 학생들을 자주 볼 수 있다. 누구는 중독이라고 생각하는 사람도 있을 것이다. 게임 중독은 우리 주변에서 자주 듣는 이야기이다. 중독이라는 것은 외로운 사람들에게 많이 나타난다. 왜 유독 학생들 중에 게임 중독이라는 말이 자주 들릴까? 공부 외에는 학생들이 놀 거리가 부족하기 때문이다. 또한 도구를 이용하기가 편리하기 때문이다. 적당한 게임은 스트레스를 풀어주고 즐거움을 준다. 하지만 지나치게 게임에 시간을 투자하면 일상에 지장이 생긴다.

자, 게임을 스스로 멈추는 것을 막을 수 없다면 생각을 바꿔보자. 나의 대학 시절은 한창 PC방이 생겨나고 게임의 붐이 일어날 때였다. PC방에 오래 머물러 있으면 부모님은 문제가 있는 학생이라는 시선으로 바라보았다. 하지만 게임 산업은 더 발전되었고 IT 강국이 되었다. 인터넷 속도로 우리나라는 최강국이다. 잘하는 것을 내세운 우리나라는 그 분야에서 최고가 되었다.

막을 수 없다면 차라리 이용하자. 그것을 정복해서 그 분야에 관련된 꿈을 꾸자. 누구보다도 게임에 대해 잘 아니까 게임을 이용하는 사람의 심리를 제일 잘 알 것이다. 게임 캐릭터에 관심이 있다면 이 분야를, 또는 프로그래밍에 관심이 있다면 그 분야에 대해 꿈을 꾸고 게임 스토리가 마음에 안 든다면 직접 게임시나리오도 써보자. 게임에 관련된 일을 하면서 내가 어떻게 행복할 수 있을지 관련된 꿈을 꾸는 것이다. 무엇이든 지나치면 그 분야에 전문가가 될 수 있다. 이를 나를 발견하는 시간으로 이용해보자. 하루를 보내는 시간 중 게임을 하는 시간이 대부분이라면 말이다.


해외여행을 가서 한국 사람이라고 하면 "빨리빨리!"라고 말하는 외국인들을 종종 만나게 된다. 자기 나름으로 아는 한국어를 말하는 건데 한국을 꼭 대표하는 말처럼 들린다. 얼마나 많이 들었으면 이 말을 무슨 인사처럼 한다. 조금은 부끄럽기도 하고 기분이 상하기도 한다. 빨리 하는 것이 좋은 상황도 있지만 이는 사람 마음을 조급하게 만든다. 생각이 조급해지면 긴장을 하게 된다. 운동을 처음 배울 때 초보자들은 긴장을 한다. 긴장을 하기 때문에 더 많이 다치기도 한다. 그러나 운동에 숙련된 사람들은 운동 시작 전 충분히 기본 동작을 하고 운동할 준비를 한다. 그래서 운동을 본격적으로 시작할 때는 긴장이 풀려 있기 때문에 더 효과적으로 할 수 있다. 이렇듯 우리의 생각을 이완시켜주자.

조급함에 생각이 하나하나 긴장되어 있으면 무엇이든 생각의 확장이 어렵다. 이는 자유로운 사고의 유연성을 어렵게 만든다. 경직된 사고는 익숙한 것만 받아들이고 싶어 한다. 그렇게 되면 늘 똑같은 사고만 하게 되고 그 안에서 해결책을 찾으려고 안간힘을 쓰게 된다. 하지만 정답은 보이지 않고 반복된 패턴으로 돌아갈 뿐이다.

조급해하지 말자. 잠시 쉬었다 가자. 생각에 휴식 시간을 주자. 그래야 생각이 이완되어 더 넓은 생각을 할 수 있다. 그러면 새로운 생각들을 받아들일 줄 알고 새로운 문제 해결 방법을 찾을 수 있게 된다. 이렇듯 쉬었다 갈 수 있는 환경은 혼자 생각하는 시간이다. 이 시간은 내 생각의 정리 정돈을 도와준다. 아무리 해결될 수 없을 것 같은 문제도 서서히 해결 방법을 찾게 도와준다. 혼자 생각하는 시간을 스스로 마련해주자. 그렇게 지금의 나를 한 번씩 비워주면 새로운 것으로 나를 채워가게 된다. 이는 나를 더 성장시키는 계기가 될 것이다.

## 진로 길잡이 Q&A

### Q. 핸드폰만 만지게 돼요

똑똑하게 핸드폰을 이용하세요. 내가 해야 할 일이 있다면 눈앞에서 잠시 치워두세요. 그러면 힘들게 핸드폰을 안 하려고 애쓰지 않아도 됩니다. 우리 뇌가 인식하지 못하도록 눈에서 사라지게 하는 거예요.

## 3교시
# 나약함에 절대 지지 마라

믿고 첫걸음을 내딛어라. 계단의 처음과 끝을 다 보려고 하지 마라.
그냥 발을 내딛어라.
―마틴 루터 킹(미국의 목사)

우리는 누구나 나약한 존재이다. 누구나 시작은 작고 소박하더라도 결과의 크기는 사람마다 다르다. 내 마음을 어떻게 관리하느냐에 따라 미래의 모습도 달라지기 때문이다. 현재의 고통을 이용해 극복해가는 발판이 내가 설 무대의 크기를 좌우한다.

첫 번째 대입에서 낙방한 이후 나는 세상이 무너진 것처럼 마음이 무거웠다. 학력고사 세대라 전기에 원서를 하나밖에 쓸 수 없었고 후기에도 대학 한 군데밖에 쓸 수 없는 시스템이었다. 그러니 한 번 떨어지면 재수를 하든지 다른 선택을 해야만 했다. 합격자를 알아보기 위해서 직접 대학에 찾아가 합격자가 적힌 벽보에서 내 이름을 일일이 확인하거나 ARS 전화로 수험번호를 확인했다. 나는 전화로 합격 여부를 알아보기 위해 수화기를 들고 내 수험번호를 누르고 기다렸다. 그 몇 초가 세상에서 가장 길었던 순간으로 지금도 기억에 남는다. "000 수험번호는 불합격 하셨습니다." 단 한 문장이 천국과 지옥을 오고가게 만들었다. 그 말이 어찌나 원망스럽던지, 몇 번을 다시 눌러 확인했다. 아무리 번호를 누르고 확인을 해보아도 불합격했다는 또렷한 기계음 소리가 귓가에 파고들었고, 그 여운은 암담했다. 아무 말도 들리지 않고 아무 생각도 할 수 없었다. 가족이나 친구들과 어울리는 것조차 싫었다. 그저 며칠을 누워서 천장만 바라보았다. 뉴스에서 흘러나오는 수석 입학생들의 인터뷰가 귀를 시끄럽게 했다. 나는 세상에 홀로 고립되어버린 기분이 들었다.

시련은 누구에게나 찾아온다. 그 시련의 여파로 누군가는 부정적인 감정 속에 나를 가둬두기도 한다. 그럼에도 동시에 시련이 아니었더라면 몰랐을 삶의 지혜를 얻기도 한다. 실패는 잊되 교훈을 잊어서는 안 된다는 것을 깨닫게 해준 인생의 첫 경험이었다.


코칭을 받으러온 주혁이는 체육고등학교에 다니는 고2 학생이었다. 9세 때부터 줄곧 수영 선수로 활동을 해왔는데, 갑작스러운 어깨 부상으로 더 이상 수영을 할 수 없게 되었다. 밝고 적극적인 성격으로 친구들도 많았지만 부상 이후 친구들과 연락도 끊고 집에만 있다고 부모님은 걱정하셨다. 주혁이는 부상으로 인해 삶의 목표가 사라졌기 때문에, 신체적 고통보다 마음의 불안감이 더 컸다. 더구나 한창 진로에 관한 고민이 많을 고등학교 2학년이었다. 주혁이의 성향은 사회형의 유형으로 사람들을 좋아하고 사람에 대한 이해가 깊었다. 주혁이에게 원하는 진로를 물어 보았다. 부상 때문에 자신은 아무것도 할 수 없다는 생각이 지배적이었다. 하지만 그나마 운동과 관련된 분야에서 일을 하고 싶다고 했다. 그래서 주혁이에게 스포츠 심리에 관한 정보를 알려주었다. 운동선수들이 페이스를 잃지 않도록 심리적 안정을 도와주는 것이 어떨까 싶었기 때문이다. 현재 주혁이는 고등학교 졸업 후 대학에서 심리학을 공부하고 있다. 지금도 종종 연락을 해와 당시 추억을 떠올리며 이야기한다. 코칭을 받으러 올 당시 자신은 아무 희망이 없었다고 한다. 단지 부모님이 원하셔서 끌려왔다고만 말했다. 사실 당시에는 평생 운동만 해왔기 때문에 부상은 주혁이에게 큰 시련이었다. 하늘이 무너지는 기분에 괜히 세상이 짜증이 났고, 왜 하필 자신에게 이런 일이 일어났는지 원망스러워 했다고 한다. 미래에 대한 꿈은커녕 당장 내일의 목표도 없었다고 한다. 하지만 내가 보기에 주혁이는 마음이 건강한 학생이었다. 갑작스러운 부상으로 인한 충격으로 일시적으로 말을 할 수 없었지만 스스로도 안에서는 방법을 찾고 있었을 것이다. 그렇기 때문에 진로 방향에 대한 빛을 보았을 때 다시 일어설 수 있었던 것이다.

이렇듯 주혁이는 회복탄력성이 높은 학생이었다. 회복탄력성은 오뚜기와 같다. 오뚜기는 쓰러지면 곧바로 다시 일어난다. 그것은 오뚜기 안에 중심을 잡아주는 심지가 들어 있기 때문이다. 회복탄력성은 시련이 생겼을 때 스스로 일어설 수 있게 하는 내 안의 힘이다. 회복탄력성이 높은 사람은 어떠한 상황에서도 자신을 버리지 않는다. 잠시 쓰러질 수는 있어도 오뚜기처럼 다시 원래 자신으로 돌아오기 때문이다. 단지 사람마다 제자리로 돌아오는 시간에 차이가 있을 뿐이다.

몸에 근육을 만들고 싶다고 치자. 하루 헬스장에 가서 운동을 했다고 해서 바로 근육이 생기지는 않는다. 시간을 투자해서 꾸준히 해야 내가 원하는 근육을 만들 수 있다. 중간에 한 번 빼먹었다고 운동 자체를 포기해서는 안 된다. 쉬었더라도 가던 길을 꾸준히 가야 한다. 회복탄력성도 마찬가지이다. 너무 힘들어서 잠시 멈출 수는 있다. 하지만 이때 그대로 자신을 버려두면 안 된다. 명상, 독서, 여행, 음악 감상 등 자신이 회복될 수 있도록, 원래의 자신으로 돌아올 수 있도록 자신만의 방법을 찾아야 한다. 그래야 힘들 때 쓰러진 나를 일으킬 수 있는 마음의 근력이 생긴다.


1교시부터 4교시까지 중학교 진로 수업이 있었다. 맨 앞자리에 앉아 있던 여학생은 수업 시간 내내 수업에 관심을 주지 않았다. 그저 책상에 엎드려서 잠만 자고 있었다. 책상 위에 놓인 그 학생의 학습 전략 검사지를 살짝 들춰보았다. 부정 정서와 무기력이 위험 수준까지 올라가 있었다. 그 학생에게는 검사 결과의 해석이나 수업이 귀에 들어오지 않는 것이 당연해 보였다. 자신의 학습 전략을 파악하기보다는 심리적 안정이 더 시급해 보였기 때문이다. 엎드려 있던 여학생은 2교시 쉬는 시간에 덮고 있던 담요가 떨어지자 잠시 눈을 떴다. 그래서 나는 "괜찮아, 마음이 힘들 땐 그냥 쉬어도 돼."라고 말하며 떨어진 담요를 주워서 덮어주었다. 무덤덤하게 나와 눈이 마주치던 여학생은 금세 눈물을 글썽였다. 나는 말없이 어깨를 토닥여주었다. 내내 엎드려 있던 학생은 이후 3교시부터 일어나 수업에 관심을 보였다. 반 아이들은 그 학생에게 "집에 갈 시간 안 됐어."라며 수업에 참여하는 그 친구를 신기해했다. 아마도 평상시엔 수업 시간 내내 누워 있다가 수업이 마치면 일어나는 모양이었다.

그 학생에게 해준 것은 나의 따뜻한 말 한마디였다. 그 한마디가 지금 심리적으로 힘들어하는 그 학생의 마음에 와 닿았던 것이다. 적절히 고통과 일상의 생활이 유지되려면 마음의 근력을 키워야 한다. 그렇지 않으면 온통 그 고통에 사로잡혀 일상생활에 지장이 생기기 마련이다. 가령 의학적 이유 없이 머리가 아프든지 배가 아프든지 기운이 없고 입맛이 없는 등의 신체적 반응이 나타나기도 한다. 그 학생의 심리적 고통과 환경은 알 수 없었지만 학교 생활에 지장이 생길 정도로 극심한 스트레스를 받고 있음이 분명했다. 그리고 그것을 이겨내기가 버거워 보였다. 현재 그 힘들고 어려운 과정을 견디고 있는 시간인 것 같아 안타까웠다.

탈무드에서는 가장 강한 사람은 자신의 마음을 조절할 수 있는 사람이라고 했다. 마음을 조절한다는 것은 하루아침에 되는 것이 아니다. 꾸준히 성실하게 마음의 근력을 키워서 단단해지는 연습을 해야 한다.

마라톤 선수는 끝까지 완주하기 위해서 자신의 페이스를 적절히 조절할 줄 알아야 한다. 처음부터 모든 체력을 다 쏟으면 체력적으로 얼마 못 가서 지치게 된다. 그렇다고 포기해버리면 결승점까지 도착할 수가 없기 때문이다. 결승점이 다시 회복되는 지점이라 생각해보자. 과정이 시련이라면 자신을 조절할 줄 알아야 한다. 그래야 마음이 회복되는 지점까지 무사히 도착할 수 있을 것이다.

헬렌 켈러는 "삶은 대단한 모험이든, 아니면 아무것도 아니다."라고 했다. 삶은 처음부터 끝까지 직선이 아니다. 오르막이 이어질 때도 있고 내리막이 반복될 때도 있다. 또한 이것이 반복적으로 나타날 때도 있다. 매일 똑같은 일들과 예상되는 일들만 우리 인생에 전개된다면, 지루한 삶이 될 것이다. 이 모든 것이 모험이기에, 그 안에 우리에게는 많은 이야기와 예상치 못한 일이 일어나기도 한다. 하지만 한 달 내내 쏟아지는 장맛비도, 세차게 내리는 소나기도 언젠가 그치기 마련이다. 시련이 시간이 길든 고통의 순간이 한 번에 아프게 찾아오든, 그것은 지나가기 마련이다. 내가 느끼는 강도의 차이일 뿐이다. 인생이라는 모험을 즐기기 위해 시련을 극복하는 방법을 깨우쳐야 한다. 또한 그것을 꾸준히 관리해서 건강한 일상생활을 유지해야 한다. 그래야 시련에 주저하지 않고 내가 원하는 삶에 당당한 주인이 될 수 있다. 절대 나약함에 지지 마라!

## 진로 길잡이 Q&A

### Q. 시험을 못 보면 마음이 너무 힘들어요

힘들어하는 시간이 길면 무기력해질 수 있어요. 어차피 그 감정은 다음 시험에 도움이 안 되겠죠. 마음을 조절하는 방법을 연습해보세요. 마음이 단단해지도록 크게 생각하고 미래를 꿈꾸며 좋은 상상을 해보는 것이 중요해요.

## 4교시

# 부정적인 생각에 절대 지지 마라

좋은 일을 생각하면 좋은 일이 생긴다.
나쁜 일을 생각하면 나쁜 일이 생긴다.
여러분이 하루 종일 생각하고 있는 것, 바로 그것이다.
—조셉 머피(정신의학자)

우리 주변에는 유독 눈에 띄게 부정적인 사람들이 있다. 그 사람의 곁에 있으면 나 역시 그 이야기에 동조하거나 같이 불평을 하게 된다. 부정적인 사람들은 걱정만 하고 늘 불평만 하는 횟수가 다른 사람에 비해 많은 것이다.

어디서든 항상 친구들의 안 좋은 이야기만 하는 사람들이 있다. 처음에는 나에게 속을 털어놓는 것 같아서 사람들은 경계심을 풀기 시작한다. 그러나 깊게 듣다 보면 그런 사람들의 이야기 내용은 다른 사람에 대한 분석과 질투가 대부분이다. 더 이상 자신의 이야기에 아무런 반응이 없으면 다른 사람에게 또 다른 사람의 이야기를 하고 다닌다. 이런 사람들은 다른 사람들에게 자신의 생각이 옳다고 공감해주길 바라고 합리화하는 것이다.

학교에 강의를 가면 간혹 부정적인 이야기를 하는 학생들이 있다. "어차피 안 될 것이다, 실패할 것이다." 같은 희망 없는 이야기를 쏟아낸다. 그러면 주변의 학생들은 그 말의 영향을 받게 되고, 덩달아 그 분위기에 이끌려간다. 부정적인 말을 많이 하는 학급의 분위기와 그렇지 않은 학급의 수업 분위기는 분명 차이가 난다. 스스로 매일 '나는 어차피 안 될 것이다.'라고 꾸준히 말을 하게 되면 결국 자기 암시가 되어버리고 만다. 결과는 늘 자신이 주문을 외는 것처럼 잘되어 있을 리가 없다. 스스로 부정적인 생각을 꾸준히 심어버렸기 때문이다. 부정적인 생각은 습관이다. 좋은 습관은 우리에게 신체적 정신적으로 긍정적 영향을 미치지만, 나쁜 습관은 우리의 일상을 어렵게 만든다.

예전에 만화영화 〈스머프〉가 있었다. 영화에는 다양한 캐릭터를 가진 스머프가 등장한다. 그 중에 투덜이 스머프가 있었다. 뭐든지 투덜대는 캐릭터이다. 얼굴 표정은 아랫입술 양쪽 끝이 축 처진 불만스런 표정이다. 투덜이의 대사는 항상 "나는 000라서 싫어!"였다.
투덜이는 "싫어."라는 단어를 항상 말꼬리에 붙이고는 했다. 싫어하는 이유에 대해 스스로 정당화시키는 것이 버릇이었다. 마찬가지로 부정적인 사람은 항상 자신의 생각에 이유를 생각하기 때문에 그 생각에 갇히게 된다. 생각은 꼬리에 꼬리를 물어 스스로 부정적인 마음에 빠지거나 결국 그 생각에 쫓아가게 된다. 그리고 믿어버린다. 결국 그것은 삶의 질을 떨어뜨리게 된다.

그렇다면 부정적인 생각이 들 때는 어떻게 해야 할까?

여름휴가 때 일이다. 8월 한 여름에 가족들과 5박6일 동안 여행을 갔었다. 그런데 여행을 갑자기 준비하느라 음식물 쓰레기를 차마 버리지 못하고 여행을 떠난 것이었다. 6일 후 집에 돌아왔을 때, 음식물 쓰레기에 구더기가 생긴 것을 보고 깜짝 놀랐다.

우리 마음속에도 쓰레기통이 있다. 감정 쓰레기통이다. 음식물 쓰레기를 부정적 생각에 대입해 보자. 음식물 쓰레기처럼 부정적인 감정들을 바로 비우지 않고 쌓아놓으면 다른 감정들에도 좋지 않은 영향을 미치게 된다. 이는 더 나아가 신체적으로도 영향을 주게 된다. 부정적인 감정과 생각은 그때그때 버려야 한다. 어떻게 이 감정을 처리해야 할까?

하나의 방법으로, 부정적 감정이 생기면 종이에 그 감정들을 바로 적어버리자. 그리고 그 종이를 찢어서 쓰레기통에 버리는 것이다. 또는 종이에 그 생각들을 적어 종이비행기로 접어 날려보자. 마음속에 부정적 감정을 고스란히 쌓아두는 것보다 훨씬 마음이 가벼워지는 것을 느낄 것이다. 우리가 뇌를 속였기 때문이다. 뇌가 시각적으로 보고 믿게 만드는 것이다. 우리의 '감정 쓰레기통 비우기 방법'을 통해 뇌는 그 감정이 사라졌다고 믿는다. 무엇이든 뇌가 믿게끔 만드는 것이다. 음식물 쓰레기를 바로 버리는 것도 습관이다. 부정적인 생각 자체가 머물지 못하도록 처음부터 비우는 습관을 가져야 한다. 부정적인 생각을 만들어내는 환경을 피해야 한다. 습관이 반복이 되면 내 생각이 되기 때문이다. 내 주변 환경을 돌아보자.

명절이라 친척들이 모였다. 오랜만에 보는 귀여운 조카들도 있었다. 6세 조카는 노래를 흥얼거리며 온종일 그 노래만 부르면서 돌아다녔다. 어린 조카는 랩의 한 부분만 열심히 반복하고 있는 중이었다. 랩의 가사는 세상에 대한 원망으로 결국 자신을 파괴하고 싶다는 내용이었다. 6세 어린아이가 이런 노래를 부르는데 과연 그 뜻을 알고나 흥얼거리는 걸까? 당연히 모르고 그 리듬이 좋아서 부르는 것이다. 하지만 이 노래를 계속 부르면 아이가 정서적으로 어떠한 영향을 받게 될까? 아마도 아이는 자신도 모르게 자신이 따라 한 가사들이 어떠한 상황에서 갑자기 떠오르고 그 생각대로 행동하게 될 것이다.

동요를 아이들에게 가르치는 이유는 무엇일까? 따라 하기 쉬운 운율을 강조하여 그 안에 아이들의 실생활과 관련된 혹은 동식물 자연에 대한 가사를 넣은 것이다. 아이들의 아름다운 마음의 변화를 위한 것이기 때문이다. 즉 이것은 긍정적인 마음의 변화인 것이다. 반면에 부정적인 말들로 이루어진 가사를 아이에게 반복적으로 들려준다고 하자. 아직 자신의 생각이 미흡한 어린아이들은 부정적인 말들을 흉내 내게 된다. 그러면서 그것이 마치 자신의 생각인 것처럼 착각하게 된다. 그렇게 자신만의 세계를 확장해가고 그것이 생각이 되고 세상을 바라보는 눈이 된다. 이것이 부정적인 생각들을 만들어 내는 주변의 환경 자체를 멀리해야 하는 이유이다.

부정적인 생각은 습관이라고 했다. 습관을 고치기 위해서는 생각을 바꿔야 한다. 습관을 고치기 위한 일시적인 행동들은 유지하기가 힘들기 때문이다. 만일 손톱을 물어뜯는 습관이 있다고 하자. 뜯을 때마다 누군가가 내 손등을 친다면 그 순간은 멈출 수 있다. 하지만 그 누군가가 보이지 않을 때는 또다시 반복적인 행동을 할 것이다. 만약 손을 물어뜯는 습관의 부작용에 대한 정보를 알고 충분히 스스로 공감했다면, 생각이 바뀌었을 것이다. 그렇게 되면 저절로 그 습관을 멈출 수 있게 된다. 스스로 공감하고 납득이 되면 생각이라는 것은 다른 생각으로 얼마든지 바뀔 수 있다. 한번 드는 생각이 영원한 것은 아니기 때문이다. 생각은 이렇듯 습관까지, 즉 행동을 바꿀 수 있게 만드는 힘이 있다.

부정적인 생각으로 둘러싸여 있을 때는 내 주변 사람들을 긍정적인 사람들로 채워야 한다. 똑같은 상황에서도 긍정적인 사람은 부정적인 생각을 거쳐 생각을 자신의 마음에 입력하지 않는다. 공이 날아오면 반사적으로 받아치듯이 그 생각들을 긍정적 생각으로 전환시킨다. 긍정적인 사람과 말을 하면 그 에너지가 나에게 고스란히 전달된다. 긍정적인 생각을 가진 사람과 소통을 하면 할수록 절로 상대를 배려하게 된다. 그럼 서로의 마음에 상처를 주는 일도 적어진다. 하지만 부정적인 사람은 비난과 자기주장만 하기 때문에 그런 사람과 소통하면 나 스스로도 피곤해진다. 그럼 어떤 일을 함께하더라도 최고의 성취감을 얻을 수 없다. 오히려 나의 자존감은 더 낮아지게 된다. 부정적인 사고는 빠르고 쉽게 전달되기 때문이다.

동기부여 코칭을 할 때였다. 수업 첫 시간부터 "싫어요, 안 해요, 몰라요."를 반복적으로 내뱉는 학생이 있었다. 그 말이 일상 대화처럼 계속 되풀이됐다. 이러한 말들은 그 학생의 사고와 행동을 멈추게 한다. 말이 행동을 하게 만들지만 부정적인 말들은 내 손과 발을 꽁꽁 묶어버리게 한다. 자신을 벽에 가두는 것과 같은 것이다. 그 벽 안에서 자신만의 생각으로 세상을 바라보고 비난한다. 다른 누구의 생각을 들을 마음의 여유가 없었기 때문에 그 세계에 빠져버리게 된다. 자신을 중심으로 세상을 보기 때문에 이기적이라는 말을 자주 듣게 되기도 한다. 자신의 부정적 생각들이 기준이 되기 때문에 남을 비난하는 법부터 배우게 되는 것이다. 부정적인 생각은 우리 몸속의 독과 같은 존재이다. 독이 퍼지면 우리는 생명의 위협을 받는다.

부정적으로 생각하는 습관은 처음에는 작은 생각에서 출발한다. 하지만 나중에는 독처럼 온몸과 머릿속에 퍼지게 된다. 결국 우리의 신체적 건강까지 해치게 되는 결과로 나타날 수도 있다. 어떠한 상황에서 내가 부정적 반응을 나타내는지 먼저 나를 잘 관찰해보는 것이 중요하다. 부정적인 감정을 유발하는 환경을 잘 정리하기 위해 나의 환경을 바꾸고 가꾸자. 그러한 과정들이 점차 내 안의 부정적인 벽을 허물어갈 것이다. 나의 생각을 가로막았던 그 벽이 허물어지면 세상을 바라보는 관점이 달라질 것이다. 이는 나의 행복한 미래를 위한 첫걸음이다.

## 진로 길잡이 Q&A

### Q. 입시가 너무 걱정이 돼요

일어나지 않은 일을 미리 걱정할 필요는 없어요. 오늘 주어진 일을 꾸준히 하다 보면 어느 순간 목표에 다가가 있을 테니까요. 인생에는 '이거 아니면 큰일인데' 싶은 게 없답니다. 걱정만 하면서 오늘의 내가 불행할 필요는 없어요. 마음을 편안하게 해주세요. 그러면 오늘이 가장 행복할 거예요. 어차피 입시의 최종 목표도 행복해지려는 거잖아요.

# 늘 새로운 도전을 시작하라

인생에서 가장 멋진 일은
사람들이 당신이 해내지 못 할거라 한 일을 해내는 것이다.
—월터 배젓 (영국의 경제학자)

'유수불부流水不腐', 흐르는 물은 썩지 않는다는 뜻으로 항상 움직이는 것은 썩지 않음을 이르는 말이다. 한곳에 오래 고여 있는 물은 썩고 만다.

우리는 도전이라는 것을 굉장히 거창하게 생각하는 경향이 있다. 일상에서의 도전, 즉 내가 집에 쌓아둔 책을 읽어보는 것, 내 방안의 가구를 바꾸는 것 등 말이다. 잔잔한 일상 안에서 내 주변을 돌아보는 것이다. 그리고 움직이는 것이다. 흐르는 물은 썩지 않는다고 하지 않았던가? 이런 작은 일상의 변화를 위한 도전을 함으로써 나를 재발견할 수 있다.

나는 주말에는 평일에 대한 보상으로 아무것도 하지 않는다. 그것이 열심히 일한 나에 대한 선물이라고 생각했다. 하지만 주말이라는 시간은 나에게 그저 먹고 자고 뒹굴거리는 게으름의 시간에 지나지 않았다. 그래서 주말에는 평일에 먹을 수 있는 밑반찬을 만들어놓기로 했다. 마트에 가서 재료를 사고 인터넷을 찾아보며 안 해보았던 요리들도 시도해보았다. 그렇게 반찬통에 하나씩 채워 나갔더니 나름 뿌듯함이 밀려왔다. 요리는 귀찮다고 선을 그어버렸던 나에게 새로운 일상의 도전을 함으로써 나의 또 다른 부분을 발견하게 된 것이다. 가족을 위해 내가 할 수 있는 또 다른 무언가를 주말이라는 시간을 활용함으로써 알게 되었다. 또 다른 가치와 시간을 발견하게 된 것이다.

사람들은 누구나 도전에 대한 두려움을 가지고 있다. 설레면서도 두려운 것은 익숙하지 않은 낯선 것이기 때문이다. 생각해보면 원래 세상에 익숙한 것은 없다. 태어나 익히고 배우고 반복하다 보니 환경에 일상에 익숙해진 것뿐이다. 낯선 것에 대한 두려움은 우리가 무엇을 해야 할지 선택해야 하는 고민일 뿐이다. 두려움도 감정의 선택 중 하나이다. 두려움이라는 감정을 뜨거운 열정으로 나에 대한 믿음으로 바꿔가면 된다.

첫 강의를 할 때였다. 많은 사람들 앞에 선다는 것 자체가 두려웠다. 전 날 적어놓은 원고를 외우고 연습하면서 강연을 취소하고 싶은 감정이 들 때도 있었다. 막상 강연을 시작했을 때는 원고를 달달 외워서인지 자동으로 입에서 이야기가 쏟아져 나왔다. 긴장한 나머지, 나는 무대에 서서 나를 바라 본 앞에 앉은 몇몇 사람을 제외하고는 기억이 나질 않았다. 그렇게 나의 첫 강의를 무사히 마치고 내려왔을 때 청중의 반응은 예상 외로 뜨거웠다. 강연이 끝나고 따로 질문하려는 사람들이 줄을 섰다. 서울로 올라오는 길에 나는 스스로 기특하고 뿌듯했다. 그 이후 강연에 대한 자신감이 조금씩 올라가고 있었다. 나는 강의를 하러 다닐 때 매번 낯선 장소, 낯선 사람들을 마주한다. 그럴 때마다 긴장감과 두려움은 늘 존재하지만 이제는 설렘으로 이 모든 감정을 감싸 안았다. 낯선 것에 대한 반복된 감정을 조절할 수 있게 되었다. 어느새 나는 매번 새로운 도전을 할 때마다 그것을 즐기는 사람이 되어 있었다. 어떤 선택이든 두려움이 존재한다. 그 두려움을 극복함으로써 조금 더 성장하는 사람이 될 수 있다.

운전면허를 막 딴 초보운전 시절이었다. 도로만 나가면 지나가는 차들이 그렇게 무서웠다. 차를 끌고 나가는 것 자체가 공포였고 차는 나에게 짐이었다. 그냥 버스를 타고 다닐까 포기하고 싶을 때도 많았지만 그럼에도 무조건 끌고 나가 운전했다. 그 과정을 거치고 나니 감정도 운전 실력도 점차 다듬어졌다. 나는 운전을 안 해도 되는 선택을 할 수도 있었다. 그러나 무작정 차를 몰고 다니면서 그 두려움을 극복해갔다. 지금은 어디를 가든 차를 가지고 다니는 것이 익숙한 생활이 되었다. 낯선 것은 과정을 거치고 극복해서 내 것을 만들면 이후에는 즐길 수 있게 된다.

새로운 도전을 시작할 때 불가능하다는 생각 자체를 가져서는 안 된다. 그러면 시작부터 아예 희망 자체가 없어지기 때문이다. 보이지 않는 현실을 현실화시키기 위해서는 과정에 필요한 것이 있다. 바로 나를 이끄는 힘을 가져야 한다.

오디션 프로그램에 나오는 친구들은 이전에 해보지 않은 도전을 한다. 가수라는 꿈을 이루기 위한 도전이다. 이들 중 시작부터 자신은 오디션 자체가 불가능하다고 애초에 포기하고 나오는 사람들은 없을 것이다. 마음속에는 오디션을 통한 어떠한 간절함이 있을 것이기 때문이다. 오디션에서 1라운드, 2라운드, 준결승, 결승까지 가는 과정에는 수많은 고비와 고통이 따를 것이다. 포기하고 싶거나 자신이 여기에 있는지를 그 존재 자체를 부정하고 싶은 사람도 있을 것이다. 이 과정을 이겨나가기 위해서는 복잡한 감정들을 이겨내야 한다.

스스로가 원하는 목표 지점까지의 과정은 다를 것이다. 하지만 자신이 원하는 목표 지점을 명확히 정해 나아가는 사람과 하다가 힘들면 그만두자라고 생각하는 사람의 차이는 분명 다른 결과를 가져다준다. 목표가 분명한 사람은 힘들어도 분명 결과의 달콤함을 상상한다. 그러면 힘들어도 스스로에게 끊임없이 동기부여를 해야 목표 지점까지 갈 수 있다는 것을 알게 된다. 꿈을 향한 도전을 할 때는 분명한 나만의 목표를 설정하고 동기부여로 나의 에너지를 쏟아야 한다. 그러면 자신이 어느 순간 원하는 목표 지점에 서 있는 것을 발견하고 자랑스러워할 것이다.

사람들 중에는 새로운 도전에 스스로 결정을 내리지 못하는 사람들이 있다. 이들은 끊임없이 주변 사람들에게 물어보고 확인하는 과정을 꼭 거쳐 나간다. 그렇게 새로운 도전을 선택했어도 자신이 잘하고 있는 것인지 올바른 선택을 한 것인지에 대해 확신을 갖지 못하고 불안해한다. 그러면서 과정을 즐기지도 못하고 그렇다고 나아가지도 못한 채 제자리를 맴돌기만 한다. 중도에 포기하기도 하고, 부정적인 시선으로 주변을 비난하며 스스로를 합리화하기도 한다. 우리의 인생은 선택의 연속이다. 당당히 자신을 믿고 지금 살아가는 이 순간을 즐겨야 한다. 자신을 믿고 당당하게 걸어나가야 진짜 내가 즐거울 수 있게 된다.

우리는 살면서 어려운 도전을 선택해야 하는 순간이 찾아온다. 그러면 주어진 어려운 도전을 이겨야 할 때도 있다. '피할 수 없으면 즐기라.'는 말이 있다. 이런 상황에서는 나의 에너지를 모아 최선을 다해야 한다.

2002년 월드컵 때 우리나라는 4강까지 진출했다. 여러 경기 중 수많은 드라마틱한 장면이 많이 있었지만 내 기억 속에는 16강전이 아직도 생생하게 남아있다. 사람들은 이를 말도 안 되는 역대 월드컵 장면이라고도 한다. 우리나라는 이탈리아와 경기를 치루고 있었다. 1대 0으로 지고 있었지만 후반 끝나기 직전 동점골을 터트려 대한민국을 열광의 도가니로 만들었다. 연장전에서 터진 결승골에 결국 우리가 승리하였다. 당시 전문가들은 예상치 못한 우리나라 선수들의 선전에 놀라워했다. 당시 선수들의 부상 투혼도 또한 대단했다. 선수들이 여기저기 많은 부상을 당한 그 고통 속에서 승리를 위해 최선을 다한다는 것은 결코 쉬운 일이 아니었을 것이다. 선수들은 이 순간을 위해 매일 엄청난 노력을 해왔을 것이다. 그리고 힘들 때마다 미래의 기쁜 생각들을 했을 것이다.

현재의 시간이 아무리 고통스러워도 자신의 목표를 성취하기 위해 바친 땀방울은 실전에서 나를 배신하지 않는다. 아무리 어려워 보이는 도전이라도 시도하는 것은 자신에게 가치 있고 의미 있는 꿈이기 때문이다. 이 과정을 통해 우리는 결과를 떠나 많은 것을 느끼고 배우는 게 있었음을 스스로 깨닫게 된다. 나에게 어려운 도전, 꼭 성취해야 하는 도전이 있었는지 떠올려보자.

인생은 늘 새로운 도전의 연속이다. 누구나 낯선 변화에 대한 두려움을 가지고 있다. 도전을 해 나가는 과정을 나에 대한 믿음으로 연습해가야 한다. 그러면서 스스로 자신에게 맞는 방법을 찾아낼 수 있다. 도전의 대한 크기는 크든 작든 상관없다. 어려운 도전이라도 목표에 대한 확신을 갖고 열정으로 포기하지 않는다면 아무리 힘들고 어려워도 가치 있는 시간이 될 것이다. 열정으로 보낸 그 시간들은 나에게 또 다른 도전을 위한 힘을 키워줄 것이기 때문이다.

크고 작은 성공 경험을 하나씩 이루어가기 위해, 작은 것이라도 새로운 것을 찾아 시도해보는 것은 어떨까?

## 진로 길잡이 Q&A

### Q. 새로운 것을 배우기엔 너무 늦은 것 같아요

우리가 살아가면서 언제 무엇을 해야 하는지, 정해진 것은 없습니다. 내가 깨닫고 시작하는 그 시점이 곧 출발인 거예요. 그 시기부터 열심히 꾸준히 해가면 결과는 같을 테니까요. "끝날 때까지 끝난 게 아니다."라는 말이 있어요. 남과 비교하지 말고 자신을 믿고 끝까지 나아가보세요!

# 남의 시선에 흔들리지 마라

스스로 자신을 존경하면 다른 사람도 그대를 존경할 것이다.
—공자(중국의 사상가)

우리 사회에는 이념과 그에 따른 수많은 제도가 있다. 사람들은 그 안에서 제각기 개인적 가치를 두고 의미를 가지며 살아간다. 도덕적 선입견을 갖고 남을 판단하기도 한다. 이러한 다른 가치관을 가진 사람들 사이에서 유독 눈치를 보는 사람들이 있다. 물론 적당히 남을 의식하고 눈치를 보는 것이 나쁜 것만은 아니다. 너무 눈치가 없어 다른 사람에게 피해를 주는 사람들도 있기 때문이다.

아무리 몸에 좋은 음식도 많이 먹으면 탈이 난다. 뭐든지 과하면 탈이 나는 법이다. 하지만 우리 주변에는 도가 지나치게 자신보다 남의 기분이나 감정을 살피며 살아가는 사람들이 있다.

초등학교 4학년 때 처음 전학이라는 것을 했다. 교무실에서 반을 배정받고 교실로 들어갔다. 당시 한 반에 50여 명의 학생이 있었는데 선생님은 자기소개를 하라고 하셨다.

내성적이었던 나는 눈앞이 캄캄했다. 그저 떨리는 목소리로 간신히 내소개를 마치고 자리에 앉았다. 그렇게 나의 첫 전학 생활은 시작되었다. 방과 후 혼자 집으로 가던 나에게 우리 반 미영이가 집에 같이 가자고 했다. 전학 온 이후 첫 친구인 셈이다. 낯선 학교 생활에서 밝고 당당한 미영이와 친구가 된 것이 든든한 아군을 만난 것처럼 기뻤다. 우리는 매일 단짝처럼 붙어 다녔다. 하지만 미영이는 밝은 성격에 사교성이 좋아서인지 주변 친구들에 늘 둘러싸여 있었다.

나는 그런 미영이가 부러웠고 한편으로는 친구가 없어질까 봐 두려웠다. 집으로 갈 때 일부러 미영이에게 간식도 사주고 메뉴를 고를 때도 미영이가 원하는 것을 나도 같이 골랐다. 하나부터 열까지 미영이의 눈 밖에 나지 않으려 미영이의 감정을 살피며 맞춰나갔다. 그렇게 나는 나의 감정을 뒤로한 채 미영이가 되어 가고 있었다. 그렇게 한 학기를 보내고 방학이 시작되었다. 방학이 시작되자 미영이는 시골에 계시는 할머니 댁으로 갔다. 미영이가 없는 방학에 나는 무엇을 해야 할지 몰랐다.

나는 늘 미영이가 하자는 대로 했기 때문에 내가 무엇을 좋아했는지, 무엇을 하고 놀아야 할지, 무슨 음식을 좋아했는지조차 몰랐다. 내가 없어진 느낌이었다. 나는 방학이 시작되고 한동안 아무것도 하지 않고 미영이만 기다렸다. 그러다 방학 숙제인 일기를 쓰기 시작했다. 처음에는 일기에 쓸 내용이 없어서 뭐라 써야 할지 몰라 내내 고민만 했다. 그러다가 일기에 쓸 글감을 찾기 위해 무언가 하기 시작했다. 아니 일기를 위해서라도 뭐든 해야 했다.

하루는 친하지도 않았던 동네 친구에게 놀자고 전화도 하고 집안일도 도우면서 일기에 넣을 소재들을 찾았다. 그렇게 하나씩 나를 위한 생활을 하기 시작했다. 방학 중반부터는 일기의 글감을 찾는 것이 어렵지 않았다. 매일 나가 친해진 동네 친구들과 고무줄을 하고 게임도 하며 몰려다녔다. 어느새 내 머릿속에는 미영이가 존재하지 않게 되었다. 매일 미영이를 따라 먹었던 고구마 튀김도 더 이상 먹지 않았다. 개학을 해서도 미영이와 다른 친구들과 친해졌다. 내가 좋아하는 오징어 튀김도 당당히 말할 수 있었다. 나는 미영이가 나와 놀아주지 않을까봐 두려웠다. 그래서 눈치를 보며 맞춰 나갈 때 나의 감정과 생각을 잃어버린 것이었다. 스스로 나의 감정을 억누르니 내가 점점 더 힘들어졌다. 나는 예전보다 더 밝아졌고 마음이 한결 가벼워졌다. 미영이와도 오히려 예전보다 더 깊이 우정을 나누는 친구가 되었다.

우리는 학교 또는 속한 사회에서 사람과 사람 사이에 관계를 맺고 산다. 상대방에게 의존하거나 나보다 더 강한 상대를 만나면 그 사람의 눈치를 보게 되는 경우가 있다. 하지만 나 스스로 당당할 때 상대방과의 관계에서도 서로 동등한 마음의 위치에서 시선을 맞출 수 있다.

'백반증' 때문에 어릴 때부터 친구들로부터 놀림을 받은 캐나다 국적의 소녀가 있었다. 그녀는 4세 때 처음 백반증 진단을 받았다. 이는 멜라닌 세포 파괴로 인해 피부에 반점이 생기는 희귀 피부 질환이다. 흑인이었기 때문에 하얀 반점은 더 사람들 눈에 띄었고 성장할수록 그 크기도 더 크고 색도 분명해졌다. 하지만 이런 단점을 극복하고 당당히 세계적인 모델이 되었다. 그녀는 바로 톱 모델 위니 할로우다. 그녀는 어릴 때 피부 때문에 친구들의 놀림을 당하면 힘들 때도 있었지만 그럴 때마다 친구들에게 이렇게 말했다고 한다. "세상에는 흰색, 검은색 피부뿐이지만 자신은 두 가지를 다 가지고 있어서 행복한 사람이다."

그 후로 더 이상 친구들은 그녀를 놀리지 않았다고 한다. 그녀가 이렇게 톱 모델이 될 수 있었던 가장 중요한 이유는 그녀가 가지고 있는 생각이다. 피부 질환은 나아지지 않았지만 놀림을 당하던 그 소녀를 세상 밖으로 나오게 한 것은 어느 누구도 아니었다. 그녀의 마인드였다. 생각의 차이가 그녀를 더 당당하게 만든 것이다.

학교에서 수업을 할 때 학생들에게 자신의 장점을 쓰라고 하면 그 칸을 다 채우지 못한다. 그런데 단점을 쓰라고 하면 그 종이가 부족할 정도로 적어낸다. 내가 단점이라고 생각하는 것이 다른 사람에게는 장점이 될 수 있다. 나는 같은 사람인데 누구에게는 좋은 사람이 또 다른 누구에게는 그렇지 못 한 사람이 될 수 있다. 어떤 시기에 환경과 상황 내 옆에 누가 있느냐에 따라 다른 것이다. 단점이라고 규정된 것은 없다. 나 스스로 단점이 많은 사람이라고 여기면 마음이 좁아지고 위축이 된다. 다른 사람들이 나보다 더 나아보이기 때문에 세상의 중심에 서지 못하고 다른 사람의 삶을 부러워만 하는 관찰자가 된다. 그러면 약한 내 자신에 대한 두려움 때문에 상대방에 대한 시기심이 생기고 불평불만이 늘어나게 된다. 또한 자존감도 떨어지고 내가 소중한 사람이라는 것을 미처 의식하지 못하는 상태가 되기도 한다.

요즘에는 자신만의 진로를 창직해서 꿈을 펼치는 사람들이 늘어나고 있다. 창직이란 새로운 직종을 만드는 활동을 말한다. 창직을 하는 사람들은 세상에 자신이 원하는 일을 만들어 당당히 자신이 원하는 일을 하며 경제적인 활동을 한다. 요즘은 1인 미디어 시대다. 이제 1인 미디어는 우리 일상생활이 되었다. 그만큼 1인 미디어로 창직 하는 사람들도 늘어났다. 누구는 자신이 잘하는 메이크업을 소개하고, 게임 방송을 중계하기도 하고, 아이들에게 놀이를 알려주기도 하는 등 다양한 컨텐츠가 쏟아져 나오고 있다. 소소한 자신의 일상을 소개하며 공유하는 사람들도 있다. 하지만 누군가 한 번도 가보지 않은 길을 걸어간다는 것은 외롭고 두려운 일이다. 누군가의 시선이나 의견만 생각한다면 절대 이런 1인 미디어 방송이라는 문화는 생겨나지 못했을지 모른다.

'남이 나를 어떻게 볼까, 사람들이 비웃지 않을까, 창피하지 않을까, 해도 될까.' 이렇게 자신의 생각을 가두기만 한다면, 정말 내가 원하는 것이 무엇인지 용기조차 내보지 못할 수 있다. 모든 사람들이 나를 좋아해주면 좋지만 이유 없이 나를 싫어하는 사람들도 있다. 그건 그들의 자유다. 일일이 신경 쓰면 그들의 감정에 짓눌려 나만 지칠 뿐이다. 그저 나는 나의 감정에 충실하면 된다.

남의 시선에 흔들리지 않으려면 내가 나를 믿어야 한다. 그리고 그것에 당당해야 한다. 그 당당함은 바로 힘이다. 내 자신에 대한 힘이 강한 사람, 즉 자존감이 강한 사람은 여기저기 상황이나 사람에 휩쓸려 다니지 않는다. 상대방의 감정을 살피고 읽으려고 하기 전에 나의 감정을 살피고 나의 감정을 읽으려고 노력한다.

내 인생의 주인은 나다! 인생이라는 무대의 주인공도 나다. 남이 아닌 나에게 당당히 스포트라이트를 비추자. 그러면 그 무대는 더 크고 빛나 보일 것이다.

## 진로 길잡이 Q&A

**Q. 친구들에게 끌려다니는 게 싫은데 잘 안 돼요**

........................................

다른 사람의 기분만 생각하면 내 자신의 기분을 돌볼 수 없어요. 그러면 스트레스가 쌓이게 된답니다. 내 감정에 집중하고 돌봐주세요. 그래야 어떠한 불평이나 불만도 안 하고 남을 탓하지 않게 된답니다. 내 감정에 솔직해지는 연습을 해보세요.

## 7교시
# 나만의 큰 꿈을 그려라

위대한 생각을 길러라.
우리는 어떤 일이 있어도 생각보다 높은 곳으로 오르지 못한다.
–벤저민 디즈레일리(영국의 정치가)

'우물 안 개구리'라는 속담이 있다. 내가 알고 있는 것이 전부라고 착각하지 말고 더 넓은 세상을 경험하라는 의미이다. 우리는 거대한 우주라는 곳에서 그보다 작은 이 지구에 살고 있는 그보다 더 작은 존재이다. 하지만 그 작은 존재인 우리에게는 우주라는 크기보다 더 큰 꿈을 꿀 수 있는 마음이 있다. 보통 사람들은 자신이 경험하고 알고 있는 세상에서 꿈을 꾼다. 더 넓은 세상을 어떻게 상상하고 꿈을 꿀 수 있을까? 마음의 크기에 따라 우리의 미래는 달라진다.

한 여름이었다. 초인종 소리와 함께 한 아저씨가 몇 권의 책을 들고 서

계셨다. 엄마와 30분 가량 말씀을 나누시더니 엄마는 하얀 종이에 무언가를 적으셨다. 지금 생각해보니 책 판매 계약서였다. 잠시 후 아저씨는 차 안에서 책을 한 박스 들고 오셨다. 서비스라며 몇 권의 책을 더 주시고 가셨다. 그 책 박스에서 나는 새 책 냄새를 맡으며 호기심에 책을 한 권씩 꺼내서 읽어 나갔다.

초등학생인 내가 세상에 대해 처음으로 눈을 반짝거리고 가슴을 뛰게 만들었던 책들이었다. 그 책들은 위인전집이었다. 엄마가 언니, 오빠를 위해 구입하신 책이었지만 내가 그 책들을 다 읽었다. 그 당시 초등학생인 나에게 가장 감동적이었던 책은 『헬렌 켈러』였다. 평범한 초등학생인 나에게 청각과 시각을 잃은 그녀의 시련들은 놀라우면서 안타까웠다. 설리번 선생님과의 갈등과 그것을 극복해가는 과정에는 큰 감동을 받았다. 엄마는 내가 책을 읽는 모습이 기특하셨는지 이후에도 위인전 전집들을 또 사다 주셨다. 역시 책 판매 아저씨가 또 한 박스를 들고 오셨다. 나는 당시 활동적인 성격이 아니었기 때문에 거의 집에만 있었다. 그래서 집에 있는 시간이 많았고 학교 공부 대신 그 책들을 읽었다.

그 후에 엄마는 더 이상 전집 구매를 안 하셨기 때문에 읽은 책을 읽고 또 읽었다. 덕분에 나는 한국 위인, 세계 위인들을 다 알게 되었다. 그러고 보니 다양한 시대의 위인들을 접해서인지, 나는 내가 이 시대의 위인이 될 거라는 포부가 생겼던 것 같다. 위인들은 시련이 있어도 극복하고 포기하지 않는다는 공통점이 나도 모르게 세뇌되었다. 나는 성장하면서 나에게 닥친 시련들은 반드시 극복할 수 있다고 믿었고 그에 굴복하지 않을 것이라 자신했다. 아마도 어릴 때 위인전만 읽은 덕분이었던 것 같다. 내가 시련이 닥쳐도 의연하게 버틸 수 있었던 것은 내 마음의 크기 때문이었다. 책은 어린 나에게 마음의 크기를 넓혀준 스승이었다. 새 책 냄새로 가득 찼던 책 박스는 나에게 보물 상자였던 것이다. 나는 서점에 가면 지금도 성공한 사람들의 이야기나 자기계발서를 좋아한다. 어릴 때 읽었던 위인전처럼 나에게 마음을 넓혀주고 현실에서 더 나아갈 수 있는 에너지를 주기 때문이다.

그렇게 어린 나에게 넓은 세상에 대한 꿈을 심어 준 것은 책이었다. 꼭 위인전을 말하는 것은 아니다. 나는 단지 위인전만 선택해서 읽어야 하는 환경이었다. 사실 자신이 좋아하는 관심 있어 하는 책은 무엇이든 상관없다. 책은 마음과 사고의 확장을 도와준다.

꿈은 다양한 경험과 생각 속에서 갑자기 찾아오기도 한다. 책을 읽다가도 여행을 하다가도 누군가의 강연을 듣다가도 말이다. 항상 열린 마음으로 세상을 받아들이고 바라보아야 한다. 그렇게 마음의 준비를 늘 하고 있어야 한다.

꿈의 한계란 없다. 나이든, 환경이든, 성적이든 이러한 모든 것은 꿈을 위한 주변 환경일 뿐이다.

선천적으로 종아리뼈가 없어 1세 때 무릎 아래를 절단할 수밖에 없었던 육상 선수가 있다. 다리 없는 육상선수 에이미 멀린스 이야기다. 그녀는 미국의 육상 선수이자 배우, 모델로 활약하고 있다. 대학교 때 전미 대학 경기 협회NCAA의 경기에 참여한 최초의 장애인이었다. 1996년에는 애틀랜타 장애인 올림픽 미국 국가대표로 출전해 의족을 신고 100m와 200m 단거리 육상 경기에서 세계 신기록을 세웠다. 1998년 TED 강연회에 치타 뒷다리를 본떠 만든 C자형 의족을 가지고 나가 세상의 편견에 맞섰다. 당시 강연회에 감동받았던 패션 잡지 편집장은 그녀를 표지 모델로 발탁했다. 이를 계기로 모델, 영화배우로 활동하기 시작했다.

에이미는 사회의 가치관 안에서 정상이라는 개념에 갇혀 있었다면 자신의 숨겨진 운동력과 연기력 등을 개발하지 못했을 거라고 말한다. 자신의 무릎 아래 뼈가 없다는 역경에 맞춰 변화하려 노력하다 보니 여러 가지로 활동할 기회를 만들 수밖에 없었다고 한다. 삶 자체가 절망이라 생각할 수 있는 순간에도 그녀는 당당히 운동선수의 꿈을 가지고 있었다. 그래서 의족으로 걷고 또 뛰어도 그녀는 포기하지 않았다. 오히려 자신의 신체적 한계를 뛰어넘어 당당히 꿈을 이뤄 가고 또 더 큰 꿈을 향해 나가고 있다.

사람들은 그녀에게 물었다.

"어떻게 그런 장애를 극복해냈습니까?"

"역경을 이겨내고 성공할 수 있었던 비결은 무엇입니까?" 에이미는 대답했다.

"장애물과 역경이요? 그것을 바라보는 관점부터 바꿔야 합니다. 그것은 피하거나 넘어서야 하는 장애물이 아닙니다. 그 자체로 나의 자아를 깨우고 능력을 북돋우는 신의 선물이죠. 제 생각에는 진짜 장애물은 억눌린 마음입니다. 그렇게 희망도 없는 마음 말이죠."

또한 사람들이 '장애를 극복 했다.'라고 말했을 때 에이미는 '잠재력을 끌어냈다.'라고 말한다.

인간의 잠재력은 끝이 없다. 극한 상황에서 더 강한 힘을 발휘하게 된다. 극한 상황에서의 간절함은 곧 생존이기 때문이다. 그럼 나도 모르게 초인적인 집중력이 나온다. 시련은 우리의 잠재력을 재발견할 수 있는 기회이기도 하다. 그 기회는 최고의 나와 마주하는 시간이다. 그런데 주변에서 나의 한계를 정해주는 사람들이 있다. "네가 그렇지 뭐." "너니까 안 되는 거야." "너는 여기까지야." "그게 네 한계야." 이렇게 말하는 사람들이 있다면 단연코 그 말은 지나쳐야 한다. 그 말에 대해 깊은 생각에 빠져들면 안 된다. 그 순간 나의 자신감은 무너지고 자존감은 떨어지기 때문이다. 나의 한계는 누가 정해줄 수도 받아줄 필요도 없다. 나의 한계를 믿는 것도 나의 가능성을 믿는 것도 내가 정하는 것이기 때문이다.

　극한 상황에서의 잠재력은 최고치로 올라간다. 하지만 평소 나의 잠자고 있는 잠재력을 깨워야 한다. 그래야 더 큰 꿈을 향한 동반자로 걸어갈 수 있기 때문이다.

　생각이 떠오를 때는 메모나 일기를 써보자. 그래야 내가 궁금해하는 것들에 대해 지나치지 않게 된다. 그리고 내용에 대해 깊이 살펴볼 수 있다. 그러면서 내가 생각했던 것들을 시각적으로 보고 생각하면서 또 다른 내면과 사고를 볼 수 있기 때문이다.

　세상과 사회에 관심을 가져야 한다. 관련된 책을 읽고 내가 사는 사회의 흐름은 알고 있어야 고립되지 않는다. 이러한 정보들이 모여 또 다른 나의 잠재력을 만들어 낸다.

　주변 사람들과 좋은 관계를 맺기 위해 끊임없이 노력해야 한다. 사람과의 소통 속에서 마음의 안정을 유지시킬 수 있다. 누군가와 사이가 좋지 못하다면 부정적인 감정에 집중이 되고, 그렇게 되면 잠재력을 개발시킬 에너지를 빼앗기게 된다.

　내 가능성의 한계는 끝이 없기 때문에 우리의 꿈도 무한대다. 지금보다 더 큰 꿈을 꾸기 위해서는 가능성을 개발시키는 데 스스로 노력해야 한다. 그리고 내가 서 있을 더 큰 무대를 상상하자. 어릴 적 내가 위인전으로 세상을 보았듯이 나만의 커다란 세상을 꿈을 꾸자. 도전은 내 안의 가능성을 더 크게 만들어준다. 내가 간절히 원하던 꿈의 크기와 내 가능성은 끝없는 도전을 통해 만나게 된다. 큰 꿈을 꾸고 위대한 생각을 품자!

## 진로 길잡이 Q&A

### Q. 성공한 사람들이 부러워요

그들은 특별한 사람도, 나와 다른 사람도 아니에요. 생각의 관점을 바꿔보세요. 그러면 내가 누군가에게 부러움의 대상이 될 수 있을 거예요. 생각의 변화는 나의 자존감을 높이는 데부터 시작해보세요. 그러면 나의 성공적인 미래를 또 다른 누군가가 부러워할 거예요.

## 8교시

# 꿈에 대가를 지불할 용기를 내라

재주가 비상하고 뛰어나도 노력하지 않으면 쓸모없는 것이다.
―몽테뉴(프랑스의 철학자)

누구나 행복해지기를 바라고 원하는 것을 하고 싶어 한다. 그러나 꿈만 꾸는 사람들이 있다. 꿈은 꾸라고 있는 것이나, 자신이 원하는 것이 있다면 그 꿈을 위해 대가를 지불해야 한다.

코칭을 하다 보면 아무리 노력해도 자기는 안 된다고 말하는 사람들이 있다. 그래서 포기했는데 다시 시작하고 싶다고 한다. 이전에 자신이 그 꿈을 위해 얼마나 정성을 들였었는지 물어보면 사실 시간이 별로 없었단다. 핑계 없는 무덤은 없다고 했다. 시간이 남았을 때 적당히 했다면 누구나 자신이 원하는 것을 얻었을 것이다. 시간은 누구에게나 공평하게 주어지지만 이용하는 사람에 따라 그 가치와 의미는 달라진다. 아무리 시간이 없어도 하루 10분씩 투자하면 그것이 쌓여 실력이 된다. 자투리 시간이어도 꾸준히만 하면 된다. 예를 들어 매일 아침 10분씩 영어 단어를 20개 외운다고 치자. 시간이 없고 간절하면 집중력이 그만큼 높아질 것이다. 그것을 평일 동안만이라도 꾸준히 하면 일주일 뒤 100개를 외우게 된다. 꿈을 위해 시간을 쪼개서 만들어 내야 한다. 단지 방법을 모를 뿐이다.

20대 때 나는 학원에 영어, 중국어 새벽반을 등록해서 열정적으로 다니기도 했다. 학원을 잠시 쉬면 다시 제자리이기 일쑤였다. 그럼에도 새해가 되면 항상 새로운 결심을 하고 등록을 했다. 나는 매번 중급반이었다. 사실 학원만 다니다 말다 반복하다 보니 실력이 제자리였다. 학원에서 강의를 들으면 이 핑계 저 핑계 대며 복습은 따로 하지 않았다. 새벽반을 다닌다는 이유만으로 일상에서의 나태함에 대해서는 나 스스로에게 굉장히 관대했다. 그저 새벽반을 등록하니 내가 굉장히 열심히 사는 사람같이 느껴졌다. 투자라는 사전적 의미는 이익을 얻을 목적으로 돈을 대거나 시간이나 정성을 쏟는 것이다. 나는 시간은 지불했지만 정성을 투자하지 않았던 것이다.


미래를 향한 비전과 포부가 크더라도 그것을 이뤄가는 과정에는 어려움이 따르기 마련이다. 이 시간과 노력을 꾸준히 유지하려면 또 다른 마음이 필요하다. 그것은 바로, 포기하지 않는 용기다.

대나무는 번영을

소나무는 장수를 매화는 용기를 상징한다.

매화가 왜 용기일까?

매화가 용기를 상징하는 것은

눈 속에서 꽃을 피우기 때문이다.

비록 눈이 오고, 날씨가 매섭지만,

눈 때문에 꽃이 상하기 쉽지만,

매화는 이를 개의치 아니한다.

매화는 진정한 용기가

무엇인지 아는 꽃나무이다.

—A. M. 린드버그


어떠한 시련이 찾아와도 꽃을 피우는 매화처럼 용기로 맞서 이겨내야 한다. 그렇게 최선을 다하지 않고서는 얻을 수 있는 게 아무것도 없다. 실패든 성공이든 어려운 과정을 지나고 나면 스스로 얻는 교훈이 생긴다. 그 교훈은 앞으로 더 성장하고 발전해갈 수 있는 밑거름을 얻게 해준다.

축구 경기의 전반전에서 이미 4대 0으로 지고 있다고 가정해보자. 가끔 그런 경기를 볼 때면 시청자의 입장에서 경기 결과는 빤하다고 생각한다. 그러면 끝까지 지켜보기 쉽지 않다. 긴장감이 없기 때문이다. 그런데 가끔 끝까지 경기를 볼 때가 있다. 선수들이 얼마나 힘든 경기를 치러 내고 있는지 지켜보며 안타까울 때도 있다. 선수들은 전문가들이라 뻔한 경기 결과에 대해서는 나보다 더 잘 알 것이다. 하지만 그들은 끝까지 포기하지 않는 열정과 용기를 보여준다. 그 모습을 보며 나도 모르게 선수들이 고맙고, 그들을 응원하고 있는 나를 보게 된다. 이미 전반전에서 4골을 내주었다면 선수들은 심적으로 많이 부담스럽고 지칠 것이다. 그렇지만 혹시 모를 희망을 생각하며 용기를 가지고 계속 경기를 해나간다. 결과는 예상대로 나왔어도 그 경기를 통해 선수들은 잃은 것만 있는 것은 아닐 터이다. 그 경기를 통해 분석한 결과를 어떻게 다음 경기에서 어떻게 활용할지, 오히려 얻는 게 더 많은 경기였을지도 모른다.

나는 단 한 번도 꿈이 없이 살아본 적이 없던 것 같다. 승부가 뻔히 보이는 결말임에도 나는 스스로 '끝날 때까지 끝난 게 아니다.'라며 끝까지 도전했던 일도 있었다. 결과적으로 실패한 적도 있지만, 그 과정에서 깨달은 것이 더 많았던 도전이었다. 중간에 실패와 작은 성공을 반복하며 내면적으로 더 단단해지는 나 자신을 느낄 수 있었다. 첫 실패에는 많이 울기도 하고 한없이 약했다. 다시 도전한다는 게 두렵기도 했다. 그럼에도 계속 도전해갔다. 많은 용기가 필요했지만 결국 내가 원하는 것을 얻은 경험도 있다. 앞이 보이지 않을 만큼 미래가 어두울 때 용기는 희망으로 갈 수 있는 힘을 준다.

용기란 이러한 것이다. 제 아무리 위대해 보이는 사람일지라도 용기 없이 희망을 본 사람은 없을 것이다. 세상의 기적이 된 일들은 용기를 가지고 희망이라는 빛을 따라간 사람들이 만들어 낸 것이다. 희망이 없다는 생각이 들 때 용기를 놓지 않고 계속 노력했기 때문에 만들어진 결과물이다.

사람들은 산 정상을 오를 때 많은 땀과 시간을 투자한다. 정상으로 오르는 과정에서 예상치 못한 기후나 상황, 혹은 사람을 만날 수도 있다. 하지만 용기를 가지고 자신이 오르려는 정상을 향해 묵묵히 꾸준히 가야 끝까지 오를 수 있다. 용기도 하나의 능력이다. 어느 날 갑자기 하늘에서 뚝 떨어져서 저절로 생겨나는 것이 아니다. 용기를 학습하기 위해 나를 이끌기 위한 리더십을 배워야 한다. 리더십을 강력한 리더십과 부드러운 리더십, 두 가지로 나눠 본다면 자신에게 어떤 리더십이 필요한지 살펴보자. 강력한 리더십으로 자신을 이끌지, 당근과 채찍으로 버텨야 하는지 말이다.

인생은 도전과 실패의 연속이다. 그 과정에서도 우리는 용기를 내야 한다. 그렇지 않으면 내 성장은 멈출 것이기 때문이다. 사람들은 꿈을 꾸지만 그에 대한 대가를 지불할 때는 확신을 갖지 못한다. 그리고 상황을 탓하며 불평만 한다. 그들은 늘 제자리에 머무르며 오늘도 내일도 남과 자신을 탓할 것이다.

결국 꿈을 위해 스스로 용기를 심어줘야 한다. 그래야 내가 원하는 미래를 소유하게 될 것이다. 최선을 다하지 않는다면 이는 부끄러운 일이다. 오늘도 부끄럽지 않은 나를 위해, 꿈에 대한 대가를 지불하자.

## 진로 길잡이 Q&A

**Q. 꿈을 이루기 위해 필요한 것은 무엇일까요?**

........................................................

먼저 나에 대한 믿음으로 출발하세요. 긍정적인 생각이 있더라도 멈추지 않을 끈기와 열정을 갖고 도전하는 것이 우선입니다.

다섯 번째
수업

당당히 네 꿈을
세상에 외쳐라!

# 미래는 생각하는 대로 된다

난 꼭 비행기 조종사가 될 거야.
그래서 하늘 높이 날아서 반드시 달나라까지 가볼 거야.
—닐 암스트롱(전 우주비행사)

초등학교 때 내가 가장 즐겨하던 놀이는 학교놀이였다. 명절 때 사촌 동생들이 오면 방에서 동생들을 앉혀놓고 나는 선생님 흉내를 냈다. 동생들은 학생이 되었고 나는 집에 눈에 띄는 책을 아무거나 들고 동생들에게 설명했다. 지금 생각해보면 동생들이 나의 꿈을 참 많이 도와주었던 것 같다. 이후에는 엄마한테 칠판을 사달라고 졸랐다. 엄마는 집에 분필가루가 날린다고 잔소리를 하시면서도 다음 날 바로 칠판을 사다주셨다. 그렇게 집 안에서 분필 가루를 날려가며 책을 들고 동네 아이들을 가르쳤다. 친구들은 당시 종이 인형이나 플라스틱으로 된 인형을 가지고 놀았다. 하지만 나는 인형 놀이보다도 학교 놀이가 훨씬 재미있었다. 나름 수업 준비를 하고 친구들이나 동생들을 몇 시까지 우리 집에 오라고 했다. 지금도 초등학교 친구들을 만나면 우리 집에서 학교 놀이를 했던 추억을 이야기한다. 당시 나는 초등학생이었고 꿈에 대해 생각해본 적도 없고 하고 싶은 직업도 없었다. 단지 말하는 것이 좋았고 그러려면 사람들이 있어야 했다. 나는 가르치고 도움을 주는 것이 좋았다. 그게 전부였다. 하지만 나는 항상 그런 내 모습을 생각했다. 진로를 결정하는 시점에서도 항상 교육이라는 틀 안에서 선택을 했다. 꼭 이루겠다는 야무진 마음을 갖지 않았다. 하지만 어떤 상황에서도 무슨 일을 하더라도 결론은 교육과 강의에 도달했다. 신기하게도 자석처럼 나를 이끄는 무언가가 있다는 생각이 들었다. 그것은 생각하는 힘의 에너지였다.

생각하는 힘은 내가 원하는 미래의 나를 만나게 해줄 수 있는 힘을 가지고 있다. 인간은 나약하고 감정적인 동물이기 때문에 현실을 논리적으로만 판단하며 살아갈 수는 없다. 그래서 가끔은 비이성적인 논리로 현실을 직시하기도 한다. 그렇기 때문에 누구나 불안해하고 두려울 수밖에 없다. 하지만 사람마다 정도의 차이는 있다. 자신을 균형 있게 통제하는지의 여부가 이성적이고 감정적인 사람으로 보이게 한다. 이것은 생각을 어떻게 하느냐에 따라 달라진다.

부정적인 생각은 세상의 부정적인 모든 요인을 끌어당긴다. 나에 대한 사소한 불만이 일상에서의 불평으로 옮겨가게 된다. 일상에서의 불평은 세상에 대한 편견으로 비난하기 시작하면서 모든 것에 대해 짜증이 나기 시작한다. 거기에 부정적 감정까지 붙기 시작하면 짜증에 무기력까지 더해지게 된다. 그럼 아무것도 하지 않는 자신을 합리화하게 된다. 자신의 생각을 타협하지 않기 때문에 사람들과의 관계도 단절시켜 나간다. 그렇게 우물 안 개구리처럼 자신만의 세상으로 들어가 움츠리게 된다.

그에 반해 긍정적인 생각을 하는 사람은 긍정적인 요인들을 끌어당기기 시작한다. 내가 좋아지기 시작하면 표정이 밝아지고, 마음이 밝아지면 활기차진다. 그러면 움직이고 싶어진다. 그러면서 무언가 하고 싶은 욕구가 생기고 목표를 세우게 된다. 그 목표를 위해 실천할 수 있는 힘도 생긴다. 거기에는 긍정적 감정이 따라오게 된다. 표정이 밝으면 주변 사람들에게 긍정적 에너지가 전달된다. 그러면 사람들은 나와 함께 있는 시간이 편안히 느껴지면서 나와 있고 싶어진다. 그렇게 사람들과 어울려 편안한 관계가 지속될 수 있다. 또한 그 안에서 인정받으면 삶에 만족도도 높아지게 된다. 삶에 대한 만족도가 높아지면 우리는 행복감을 느끼게 된다.

긍정적인 생각을 갖자. 그래서 내 주변에 긍정적인 에너지를 끌어모으자.

먼저 내 안의 부정적인 생각들을 덜어내자. 컴퓨터 작동이 안 될 때 가끔 나는 껐다가 다시 재부팅시킬 때가 있다. 내 삶이 무언가 생각대로 되지 않을 때 마음이 들지 않을 때는 나를 다시 재부팅시켜야 한다. 이것은 내 안의 감정과 생각이 제대로 작동되지 않아 어떠한 부분에 오류가 난 것이기 때문이다. 내 안의 오류를 찾아야 한다. 그 오류가 어떠한 부정적 요인이라면 그것이 어떤 생각인지 주의 깊게 살펴보자. 거창하지 않다.

우리는 외부의 환경에서 상처를 많이 받는다. 그중에서도 '말' 곧 타인이 주는 말에서의 상처이다. 그 말들을 고스란히 마음에 담아두면 그때 느꼈었던 좋지 않은 감정이 늘 떠오르게 된다. 그러면 그 감정에 마음이 불편해지곤 한다. 불편한 감정이 드는 원인이나 말들을 스스로 지워버리자. 부정적 감정이 떠오를 때마다 받아주면 그 감정들이 수시로 찾아와 나를 더 힘들게 하기 때문이다. 내가 듣기 싫은 말은 무엇인지 그 마음에 저장되어 있는 말들을 쏟아내야 한다. 컴퓨터에 과부화가 걸리면 아예 고칠 수 없다. 우리 마음도 과부화가 걸리기 전에 관리를 잘해야 한다. 그러기 위해서는 부정적인 생각을 오랜 시간 떠올리거나 반복해서 자신을 힘들게 하지 말아야 한다.

나는 기분이 상하게 되면 내 상황과 딱 맞는 음악을 듣는다. 그러면서 그 상황에 위로를 받는다. 그리고 내 마음속의 말들을 적은 후 그 종이를 눈앞에서 치워버린다. 듣기 싫은 말은 고스란히 마음에 담아두지 말자. 잘 비울 수 있도록 자신만의 방법을 찾아가자. 작은 것부터 부정적인 생각을 덜어내는 연습을 시작해야 한다.

좋은 생각으로 채워가자. 좋은 생각들의 조각들이 모여서 긍정적인 나로 만들어 준다. 좋은 생각으로 하나씩 바꿔 나가도록 생각하는 습관을 가져야 한다. 작은 집안일도 스스로 하면서 가장 가까운 가족부터 배려해주자. 가장 가까운 사람과의 관계가 내 마음을 편안하게 해준다. 그러려면 가족이 주는 사랑을 받기만 하고 당연히 해서는 안 된다. 나도 사랑을 주고받는 사랑에 감사해할 줄 알아야 한다. 그래야 고마움도 배우는 것이다. 이렇게 얻는 마음은 타인과의 관계에서도 긍정적으로 생각을 만들어준다. 이렇게 긍정적인 사고를 바탕으로 내 미래를 떠올리자. 그러면 그 생각이 행복해서 무의식적으로 행복한 상상을 계속 떠오르게 한다. 그렇게 되면 미래의 내 모습을 위해 필요한 것들만 내게 보이게 된다. 그리고 신기하게도 그것들이 내 주변에 모이는 것을 경험할 수 있을 것이다.

미래의 내 모습을 구체적으로 떠올리는 상상을 해보자. 막연한 것은 곧 우리에게 스치는 기억이 되기 때문이다. 그리고 미래의 내가 현재의 나에게 편지를 써보자. 내가 어떤 모습이 되어 있을지, 먼저 눈을 감고 생각한다. 미래 편지를 쓰고 있는 나는 직업은 무엇인지, 나이는 몇 살인지, 장소는 어디인지를 구체적으로 상상해 보자. 그리고 지금은 몇 시인지 내가 무엇을 하고 있는 중이었는지도 떠올려 보자. 이렇게 자세히 내 상황을 상상해보자. 어떤 내용을 현재의 나에게 말해주고 싶은지, 후회

되는 일은 무엇인지, 칭찬해주고 싶은 내용도 적어 보자. 내가 학년이 올라가고 상황이 달라질 때마다 미래의 내가 현재 나에게 해주고 싶은 이야기는 달라져갈 것이다. 처음 써볼 때는 조금 쑥스럽기도 하지만 쓸수록 할 이야기가 많아지게 된다. 나를 꾸짖기도 하고 스스로 격려를 해주기도 한다. 이렇게 가끔 현재의 나에게 미래의 내가 편지를 보내자. 그러면 미래의 내 모습을 반복적으로 떠올리는 일상이 자연스럽게 습관으로 자리 잡을 것이다. 이렇듯 미래를 반복적으로 떠올리면 그 상상에 믿음이 생긴다. 그러면 나는 내가 원하는 모습으로 행동하고 생각하게 된다. 그러니 이왕이면 미래의 내 멋진 모습을 생각하자. 멋진 사람은 인성이 기본이다. 가장 가까운 사람에게 먼저 좋은 사람이 되도록 노력하자. 그러면 긍정적으로 생각이 바뀌게 된다. 이 생각은 세상의 모든 긍정적 요소를 나에게로 집중시켜 준다. 이는 꿈꾸던 나의 미래를 현실로 안내해 줄 것이다.

진로 길잡이 Q&A

> **Q. 마음이 답답해서 미래를 상상할 수도 없어요**
>
> · · · · · · · · · · · · · · · · · · · · · · · · · · · · · · · · · · · · · · · · · · ·
>
> 너무 답답할 때는 먼저 심호흡을 해보세요. 그리고 무엇이 내 마음을
> 채우고 있는지 천천히 생각해보세요. 불편한 감정들이 쌓여서 그럴
> 거예요. 그 생각들을 하나씩 버리고 좋은 생각으로 하나씩 바꿔보세
> 요.

# '네가 무슨?' 결과로 보여줘라

생생하게 상상하라. 간절하게 소망하라. 진정으로 믿으라.
그리고 열정적으로 실천하라. 그리하면 무엇이든지 반드시 이루어질 것이다.
—폴 마이어(미국의 교육사업가)

말에는 특별한 힘이 있다. 말은 누군가를 더 성장시킬 수 있다. "너는 언어 능력이 뛰어나." 내가 중학교 2학년 때 국어 선생님이 해주신 말씀이다. 이후 나는 자신감을 얻었고, 이는 국어 과목뿐만 아니라 다른 인문학 과목에도 관심을 갖는 계기가 되었다. 그리고 그 말씀은 진로 방향 설정에 있어 큰 영향을 주었다. 누군가가 나를 인정해준다는 것은 참 기분 좋은 일이다. 어린아이들도 혼자일 때보다 형제가 생기면 더 경쟁을 하고 부모님께 잘 보이려 애를 쓴다. 칭찬받고 인정을 받기 위해서다. 인정을 받으면 자신감이 생긴다. 무엇이든 다 해낼 수 있을 것처럼 긍정의 에너지가 쏟아져 나온다. 그러면 나는 더 큰 꿈을 꾸게 된다.

반대로 말은 자신감을 떨어뜨릴 수도 있다. "네가 그렇지 뭐." 누군가가 나에게 매일 이 말을 한다고 치자. 그러면 처음에는 기분이 상하더라도 반복되면 스스로를 정말 그런 사람이라고 믿어버리게 된다. 이러한 현상은 무엇을 해도 의지가 없어지도록 이끈다. 이와 같은 말은 나의 성장 가능성을 정지시키는 말이다. 인정을 받지 못하면 외부의 환경에 위축되고 스스로의 한계를 지정해 버릴 수도 있다.

집에서 키우는 애완견도 좋은 말을 하고 칭찬을 해주면 새로운 행동의 습득이 빨라지고 온순해진다. 사랑받기 위해 본능적으로 노력하는 것이다. 하지만 매일 화만 내고 언성을 높이면서 혼내기만 하면 주인의 눈치를 보고 사나워진다. 사랑받지 못하기 때문에 공격적인 성향으로 변하게 된다. 다른 사람들이 나에게 어떻게 말하느냐에 따라 나의 생각과 행동이 영향을 받는다. 그런데 스스로 자신을 책망하고 부정적인 말만 한다면 점차 자신의 꿈에 한계를 두는 사람이 되어갈 것이다.

꿈은 무한대이다. 한계를 두지 않고도 얼마든지 꿈을 꿀 수 있다. 나에게 성장할 수 있는 말들을 전해 내 한계를 무한대로 끌어올리고 꿈을 꾸자. 긍정적인 말들은 나에게 자신감을 준다. 그 자신감으로 해내는 일들은 나를 신뢰하게 만들기도 한다. 결과적으로 말에 따라 생각이 변하고, 행동도 달라지게 된다.

주변에서 나를 신뢰하지 않는 경우는 나의 반복된 행동이나 말에 변화가 없기 때문이다. 말과 행동이 달라지면 주변 사람들은 나를 신뢰하기 시작한다. "왜 나를 못 믿냐고!" 아무리 소리쳐 봐야 정해진 인식은 쉽게 달라지지 않는다. 내 스스로 달라지는 모습을 하나씩 보여주자. 조급하게 가지 말자.

목표를 정하고 노력을 해도 내가 원하는 방향으로 나아가지 못할 때가 있다. 그것을 깨닫는 순간, 다시 처음으로 돌아가 무엇이 문제인지 점검을 해보아야 한다. 운전을 하다가 차에 이상이 느껴졌는데도 계속 달리면 더 큰 사고가 난다. 중간에 멈추고 어디에 이상이 생겼는지 알아봐야 한다. 마찬가지다. 무엇이 문제인지, 왜 더 발전이 없는지, 왜 안 되는지 스스로 찾아보고 그것이 안 될 때는 주변의 도움을 구하기도 해야 한다. 물론 다시 시작한다는 게 쉬운 일은 아니다. 그러기 위해서는 용기가 필요하다. 용기를 갖고 주위에 물어보기도 하고, 스스로 다짐을 위한 명언이나 속담을 눈에 잘 띄는 곳에 적어 붙여놓자. 그러면서 나를 다독이고 위로하며 포기하지 말고 가야 한다.

나에게 힘을 주는 명언이나 속담을 몇 가지 소개하고자 한다. "천리 길도 한 걸음부터."라는 말이 있다. 무슨 일이든 그 일의 시작이 중요하다는 말이다. 무언가를 새로 시작하는 것은 많은 고민과 결정이 따른다. 그래서 시작이라는 문턱에서 주저하기도 한다. 하지만 출발선에 놓여 고민할 때 분명 힘이 되는 속담이다.

성공의 비결은 고통이나 즐거움이 당신을 이용하게 하지 않고 당신 자신이 고통이나 즐거움을 이용하는 법을 배우는 것이다. 만약 그렇게 하면 당신은 삶을 통제하게 되고, 만약 그렇게 하지 못하면 삶이 당신을 통제하게 된다.

　-앤서니 로빈스

내가 처한 상황을 비관적으로 바라보면 그 고통에 끌려가게 된다. 눈에 보이는 것만 따라가지 말자. 눈에 보이는 그것 너머의 세상을 보자. 그 너머에 나에게 가장 소중한 것이 있을 것이다. 나의 세상을 더 넓게 만들어놓고 상황을 바라보자. 그러면 답답함이나 고통, 혹은 두려움에 끌려 다니지 않고 오히려 이용할 수 있게 될 것이다.

많은 사람들은 실패를 두려워해 아예 시작조차 안 하는 경우가 많다. 그러나 내가 보기에 실패란 시도조차 하지 않는 것을 의미한다.

　-마르티나 나브라틸로바

실패나 실수를 두려워하면 아무것도 시도조차 할 수 없게 된다. 실패나 실수는 끝이 아니다. 다시 시작하기 위한 또 다른 과정일 뿐이다. 또다시 출발점이 될 수 있다.

지금부터 20년이 지난다면, 당신은 당신이 한 일보다 당신이 하지 못한 일에 더 실망하게 될 것이다. 그러므로 기준점을 과감히 버려라. 안전한 항구에서 벗어나 멀리멀리 항해해보자. 당신의 항해에서, 무역풍을 잡아보자. 탐색하고 꿈꾸고 발견해보라.

ㅡ마크 트웨인


인생이라는 여정에는 많은 난관이 도사리고 있다. 하지만 그럴 때마다 내가 가지고 있던 기존의 생각에서 새롭게 세상을 바라보면 또 다른 길이 보인다. 보이는 그 길로 또다시 새롭게 출발하면 다시 우리의 여정이 이어진다.

사람들은 자신의 잠재적 가능성을 잘 모르고 살아간다. 그 가능성은 나를 얼마든지 변화시킬 수 있다. 생각에서부터 행동, 말까지도 변하게 한다. 사소한 습관이나 표정, 약속, 식습관조차도 말이다. 변화에 대해 눈치를 보거나 의식할 필요가 없다. 나를 위한 올바른 방향이라면 말이다. '사람이 변했다'는 건 가치관과 그 사람의 희망이 변했다는 것이다. 기존에 가지고 있던 생각만으로는 변할 수 없다. 그저 같은 자리를 맴돌 뿐이다. 이렇듯 새로운 시작은 생각의 변화에서 비롯된다.

내가 가지고 있던 고정적 생각들을 성장형 사고로 변화시켜 보자. 고정적이었던 생각이 발전적인 생각으로 변할 수 있도록 생각을 열어줘야 한다. 가령 '나는 잘했어.'가 아니라, '나는 더 잘할 수 있다.'고 생각해야 한다. 잘했다고 생각하면 거기까지 만족하기 때문에 더 이상 노력의 필요성을 느끼지 못한다. 하지만 더 잘할 수 있다고 하면 내 능력의 한계를 올리게 된다. '더'라는 가능성의 문을 열어놓는 것이다.

또한 말의 가능성을 믿어보자. 말의 긍정적인 단어들은 나를 한층 더 성장시킨다. 누군가가 나에게 좋은 말을 해주지 않는다고 움츠러들 필요가 없다. 내가 나에게 얼마든지 좋은 말을 해주면 된다. 앞서 소개한 명언들처럼 힘이 되는 말들로 끊임없이 스스로를 응원해주자. 내가 하는 말들을 스스로 지지할 때, 남들은 나의 말에 깊은 신뢰감을 줄 것이다. 대신 그 말들에 들어 있는 약속, 의도, 사과는 솔직해야 한다. 그래야 중요한 사람으로 나를 더욱더 신뢰할 것이다. 행동이 말로 또는 말이 행동으로 이어질 때는 일관성이 있어야 한다. 그 결과로 주변 사람들이 나와의 진심 어린 관계를 유지하고 싶어 한다.

주변에서 인정해주지 않는다고 부정적인 생각을 하지 말자. 그렇게 생각하는 주변 사람들에게 당당히 결과로 보여주자. 그것은 나의 변화된 모습, 즉 말과 행동이다. 나 자신에게도 보여주자. 나의 가능성을, 내 꿈의 무한대를!

진로 길잡이 Q&A

## Q. 부모님이 저를 못 믿으세요

· · · · · · · · · · · · · · · · · · · · · · · · · · · · · · · · · · · · · · · · · · · ·

부모님도 불안해서 그러시는 거예요. 부모님이 나에 대한 신뢰를 가
지실 수 있도록 노력해 보세요. 내 생각을 지지해주실 수 있도록 사
소한 행동과 말부터 바꿔보세요.

# 10대, 나만의 진짜 인생을 살아라!

남들이 당신을 어떻게 생각할까 너무 걱정하지 마라.
남들은 그렇게 당신에 대해 많이 생각하지 않는다.
당신이 동의하지 않는 한, 이 세상 누구도 당신이 열등하다고 느끼게 할 수 없다.
―엘리너 루스벨트(미국의 정치가)


자기 몸에 맞지 않는 옷을 입고 외출을 하면 하루 종일 신경이 쓰이고 불편함을 느끼게 된다. 아무리 맛난 음식을 먹어도 사람들을 만나도 머릿속에는 온통 이 옷을 벗어버리고 편한 옷으로 갈아입고 싶다는 생각만 든다. 이렇듯 하기 싫은 일을 억지로 하게 되면 맞지 않은 옷을 입은 것처럼 내 삶 자체가 불편해진다.

한의대에 다니고 있었던 내 친구는 자신과 학과가 맞지 않는다며 중퇴를 하고 싶어 했다. 하지만 주변 가족들의 반대가 심해, 진로에 대해 많은 고민을 했다. 그 친구가 가고 싶은 학과는 미대였다. 어려서부터 그림

그리기를 좋아했고 서양화를 전공하고 싶어 했다.

한의대학을 다니면서도 일주일에 두 번씩 미술학원을 다니고 있었다. 나중에 취미로 해도 된다는 것이 부모님의 의견이었다. 하지만 그 친구는 한의대는 자신과 맞지 않아서 학교 다니는 것 자체가 너무 힘들다고 했다. 결국 2학년 여름방학 때 학교를 중퇴하고 입시를 다시 준비해서 다음해에 미대에 입학을 했다. 부모님은 한의대를 놓아버린 것에 많이 속상해하셨지만 본인은 너무나도 기뻐했다. 자신이 좋아하는 일을 찾아서 소신껏 해온 결과였다. 그제야 자신에게 맞는 옷을 산 것 기분이 들었을 것이다. 만약 계속 원치 않는 공부를 6년 동안이나 하게 되었다면, 6년이란 시간 동안 온갖 어려움을 버티며 전혀 행복하지 않았을 것이다. 자신이 원하는 것을 해서 그런지 표정부터 바뀌어 있었다. 예전에는 얼굴에 늘 수심이 가득 차 있었지만, 진로를 전향한 이후 이야기도 많이 하고 밝아졌다.

졸업 후에는 고등학교 미술 교사를 하며 작가로도 왕성한 활동을 하고 있다. 자신에게 맞는 옷을 입고 날개를 단 것이다. 하지만 꾸준히 한의사라는 원치 않는 직업을 위해 시간을 투자했다면, 미술만큼이나 열정적으로 일을 할 수 없었을 것이다. 친구는 자신의 선택에 전혀 후회가 없다고 했다. 그때 용감하게 결정을 한 자신이 오히려 기특하다고 했다. 남들이 보기에는 좋아 보여도 자신이 원하지 삶을 선택한다면 그 삶은 불편하게 느껴질 것이다.

상담을 진행하던 한 학생은 어릴 때부터 춤을 좋아했다. 친구들과 함께 인기 가수의 새로운 안무를 따라 하고 스스로 짠 동작을 연습하면서 자신의 삶에 만족하고 있었다. 그런데 중학교에 올라가면서 부모님과 갈등이 생기기 시작했다. 부모님은 중학교에 올라갔으니 이제부터 공부를 더 열심히 하라며 입시 학원을 등록하셨다고 한다. 학원 시간에 쫓기다 보니 원하는 춤을 연습할 시간이 부족했다. 그래서 학원을 다니지 않겠다고 말씀드렸다. 그런데 부모님을 납득시킬 수는 이유를 대기에는 자신의 진로에 대해 확신이 없었다. 그렇게 서서히 연습을 하던 친구들과도 멀어지게 되었다. 그렇다고 학업에 관심이 가지도 않았다. 결국 활동적이던 성격이었는데 점점 말수가 줄어들었다. 어떤 것에도 의욕을 못 느끼게 되자 아무것도 하기 싫은 상황에 도달했다.

열정적으로 하던 무언가가 없어지니 목표도 상실되고 말았다. 이 친구는 자신이 가장 행복했던 시간이 친구들과 춤을 추었던 그 시간이었다고 회상했다. 자신이 좋아하는 길이 너무도 확고했던 친구라 그것을 못하게 되었을 때의 상실감은 굉장히 컸을 것이다. 마음의 손과 발을 꽁꽁 묶어서 아무것도 못하게 되는 상태가 되었던 것이다. 자신이 원하는 길을 명확하게 아는 사람은 행복한 사람이다. 하지만 대부분은 자신이 걷고 있는 길이 진정 내 길인지 알 수가 없다. 어떤 사람은 이 길이 자신의 길이 아닌 것을 알면서도 계속 가기도 한다. 또 어떤 사람은 자신의 길이 아님을 깨달았을 때 다시 돌아가거나 멈추는 사람도 있을 것이다. 마음이 늘 불편하고 현실에 만족하지 못한다면, 지금 걷고 있는 이 길에 잠시 멈춰서 나에 대해 생각해봐야 한다. 무리하게 자신을 이끌어가면 나중에 그 후회를 돌이키기에는 시간이 오래 걸리기 때문이다.

작은 눈덩이를 굴리고 굴리다 보면 커다란 눈덩이가 되어 감당할 수 없게 된다. 내 길이 아니라면 작은 눈덩이일 때 더 커지지 않도록 멈춰서야 한다. 마음에 불만이 쌓이면 작은 일상에도 짜증이 난다. 모든 것이 부정적인 생각으로 서서히 변화한다. 그러면 결국 자신의 감정도 다치게 된다. 하루 일과에서 필요 이상으로 쓸데없는 일에 매달리고 있다면 그것 또한 내가 원하는 삶을 살고 있지 않다는 증거다. 자신이 무엇을 해야 하는지 계획이 없다는 것은 그냥 내 시간을 버려두는 것이나 다름없다. 시간을 버려두고 있다는 것은 내 시간을 소중히 하지 않는다는 것이다. 아무 생각 없이 온종일 시간을 때우면서 무언가를 지나치게 하는 것이 그 징후다.

한 중학생은 학교 이후의 시간을 모두 게임에만 몰두 했다. 그 이유를 물어보면 "그냥요, 심심해서요."라고 대답을 한다. 심심해서 한다는 것이다. 심심하다는 것은 재미있는 것이 아니라는 것이고 이것은 곧 흥미 있는 일을 아직 찾지 못했다는 것이다. 흥미 있는 일이 없기 때문에 동기부여가 안 되는 것이다. 동기부여란 원하는 것을 위해 그 목표를 향해 나아가도록 이끌어주는 힘이다.

어느 정도 내가 맞는 길을 가고 있다고 믿는 사람은 자신감이 넘치고 작은 즐거움에 웃을 수 있다. 긍정적인 생각으로 내 주변의 사람들과 소통할 수 있다. 그렇게 얻게 되는 에너지는 긍정적인 마음을 더 강하게 해준다. 또한 내가 원하는 일에 대한 목표가 있기 때문에 모든 생활에 열정이 생기게 된다. 활동을 함으로써 우리 몸은 더 생기를 더 얻게 되며 과정이 아무리 힘들더라도 단번에 포기하지는 않는 힘이 생긴다. 이루고자 하는 간절함이 있기 때문이다.

우리는 비교하기도 하고, 혹은 비교를 당하면서 살아간다. 사회나 타인, 결국 나 스스로를 대상으로 비교하면서 성장한다는 사람들도 있다. 하지만 상처받는 사람들도 있다. 우리의 삶은 행복을 꿈꾸며 살아간다.

다른 사람과 비교하는 내 삶이 과연 행복할까? 매번 과거와 현재를 비교하면 현재에 집중할 수가 없다. 또한 남과 나를 비교하면 나 스스로에게 집중할 수 없게 된다. 비교하는 것도 습관이기 때문이다. 습관은 어쩌다 한 번이 아니라, 내 생활에 틈틈이 찾아온다. 과거에 나의 모습만 떠올리면 현재 잘하고 있는 일을 잊어버리기 마련이다. 남의 성공과 외모에 비교하기를 반복하면 내가 나를 창조할 수 없다. 삶의 모방만 반복될 뿐이다. 타인의 삶에 더 관심을 갖게 되면서 내 삶을 돌볼 여유가 생기지 않기 때문이다. 남들이 하는 것, 남들이 입는 것, 남들의 생활만 들여다보기에도 바쁘다.

내가 중심이 되어야 흔들리지 않는다. 우리가 자주 먹는 치킨만 하더라도 그 종류가 너무나 다양하다. 처음 보는 메뉴는 실수하지 않기 위해 사람들의 평가를 찾아보며 주문하기도 한다. 작은 경험이라도 실수를 하더라도 내가 선택해야 한다. 그래야 내가 중심이 되는 삶을 작게라도 시작할 수 있다. 아기들이 걸음마를 배울 때는 수없이 넘어진다. 그렇다고 아이에게 아예 누워만 있으라고 하는 부모님은 없다. 처음에는 한 발자국, 내일은을 두세 발자국, 이렇게 손을 잡아주다가 나중에는 손을 놓는다. 그리고 아이가 스스로 걸음을 내딛을 수 있도록 한다. 내 자신에게도 스스로 걸을 수 있도록 기회를 주자. 뭐든 내가 스스로 선택할 수 있도록 말이다. 그래야 내가 설 수 있고, 남과 비교하는 삶을 따르지 않을 것이다. 왜냐하면 나는 스스로 당당히 걸을 수 있으니 말이다.

보여주기 위해 무엇을 해야 하고 또 비교하는 것이 일상이 되어버리면 내 것이 아니기 때문에 짜증과 불만이 늘어나게 된다. 결국 그것은 진짜 내가 아니기 때문이다. 나의 진짜 모습을 들여다보아야 한다. 그래야 남과 비교하는 삶에 신경 쓰지 않게 된다.

사람마다 다른 품성과 성향이 있다. 그것에 따른 취향도 다르고 생각도 모두 다르다. 내 가치관을 바탕으로 꿈을 꾸고 그에 맞는 진로를 선택하고 목표를 세워야 한다. 그래야 오늘의 내가 가짜가 아니라 진짜의 모습으로 살 수 있다.

진로 길잡이 Q&A

## Q. 다른 사람과 자꾸 비교하게 돼요

나에게 집중해보세요. 특히 나의 좋은 점, 잘하는 것에만 집중해보세요. 그러면 다른 사람의 좋은 점보다는 나의 좋은 점에 신경 쓰느라 다른 사람에게 집중할 시간이 없게 됩니다. 타인이 중심이었던 내 삶의 주인공을 나로 바꿔주세요.

## 4교시

# 오늘의 행복을 내일로 미루지 마라

행복이란 우리가 시간을 들여 열중하는 모든 것이다.
—알베르 카뮈(프랑스의 소설가)

"대학 가면 네가 원하는 거 뭐든지 할 수 있다." "3년만 눈 딱 감고 공부해라." 고등학교 때 선생님께 가장 많이 들었던 말이다. 교실에 앉아 있던 우리 반 친구들의 꿈은 모두 같았다. 대학에 합격하는 것이었다. 대학! 당시에는 정말 대학이 우리 모두의 인생을 바꾸게 해주는 마법과도같은 존재였다. 대학이 꿈, 진로, 목표 모두를 하나로 만들었다. 이렇게 대학이라는 문만 통과하면 행복의 문이 활짝 열리는 줄 알았다.

예전에 〈행복은 성적순이 아니잖아요〉라는 영화가 있었다. 대학이 최고의 꿈이자 목표였던 우리 세대에서 굉장히 이슈가 되었던 영화였다.

왜 당연한 이야기가 이슈가 되었을까? 제목과 반대로 행복은 성적순이라 생각하며 살았기 때문이다. 이러한 사회적 분위기 속에서 영화는 청소년의 행복에 대해 물음표를 던진 것이다. 그래서인지 많은 사람들이 공감했고 사회적 인식이 조금은 달라지는 계기가 되기도 했다.

그렇다면 지금 10대는 얼마나 행복하게 되었을까? 물론 행복의 의미는 사람마다 다르다. 입시를 바라보는 10대의 삶을 중심으로 이야기해보겠다. 중고등학교 강의나 수업을 가면 가끔 놀라는 것이 있다. 시대는 훨씬 다양화되었고 사회는 창의적인 인재를 원하며 대학은 점차 융합 학문에 중점을 두고 있다. 그러나 내가 만나는 중고등학생들은 내가 10대였을 때와 생각이 별반 다르지 않다. 시대라는 포장지만 달라졌을 뿐, 그 알맹이는 그대로였다. 오히려 사회 인식에 더 주눅 들어 있었고 누군가가 지정해준 생각이 정답이라 믿는 경우가 많았다. 아무리 컴퓨터 소프트웨어를 업그레이드해도 이를 하드웨어 용량이 받아들일 수 없으면 아무 소용이 없는 것이다. 하드웨어를 바꾸듯, 우리 스스로 갖고 있는 생각을 바꿔야 한다. 그래야 어떠한 소프트웨어를 장착해도 용량 초과가 되지 않는다.

우리가 꿈꾸는 행복이란 무엇일까? 그것은 기쁨과 성취를 느끼는 것을 의미한다. 행복은 모든 것이 편안한 상태가 되어야 느낄 수 있는 만족감이다. 그 편안한 상태는 사람마다 다를 것이다. 하지만 편안한 상태가 되려면 만족스러워야 한다는 것은 공통적이다. 만족스러움은 생각하기 나름이다. 아무리 물질적인 것이 풍부해도 허전함을 느끼는 사람이 있을 것이고 누구는 정신적으로 만족해도 외적인 것이 충족되지 않으면 답답함을 느낄 것이다. 결국 모든 사람에게 꼭 적용되는 만족이라는 것은 세상에 없다. 단지 내가 지금 있는 그대로를 받아들이면 된다. 어떠한 상황이라도 내 모습에 만족하면 편안함을 느끼고 행복하다는 생각을 할 것이다. 또한 성취감을 느꼈을 때 뿌듯하고 만족스럽게 한다. 이는 성취감의 기준 또한 다르겠지만 작은 것에도 성취감을 느낀다면 그것도 행복감을 가져온다. 기쁨과 만족감은 내가 정한 기준에 따라 달라지는 것이다. 그러니 다른 사람과 내 행복은 처음부터 비교 대상이 아니다. 내 기준에 만족하면 된다. 만족하지 못한다면 내가 가지고 있는 기준을 바꾸어보자. 그러면 편안함을 느끼게 될 것이다. 현재 내가 정한 기준은 무엇인지 내 기쁨은 어디서 오는지 곰곰이 생각해보자. 왜 내가 행복하다고 느끼지 못했는지, 그 막연함에서 조금은 벗어날 수 있기 때문이다.

나는 10대 때 행복하다고 느껴본 적이 없다. 그저 하루하루 남들처럼 사는 게 최선인 줄 알았다. 남들처럼 똑같은 생각을 하고, 그 기준에 맞추다 보면 보상처럼 행복이 따라올 줄 알았다. 그 기준을 벗어나면 큰일 나는 줄 알았다. 내가 세상에서 동떨어진 느낌이 드는 건 두려움이었다. 그래서 더 세상과 가까워지려 노력했다. 다른 사람들의 생각에 울고 웃었다. 나만의 성취 기준도 없었다. 성취 기준은 무조건 대학이었다. 그래서인지 일상에서의 작은 성취는 내게 기쁨을 주진 못했다. 내 방 정리를 해서 깨끗한 방 안을 보고 뿌듯해하지 않았다. 성취감이 없으니 행복한 기분이 들지 않았다. 기쁘지도 않았다. 일상에서의 작은 성취에도 만족하지 못했던 건 '대학'이라는 큰 이름이 나를 짓누르고 있었기 때문이다. 대학은 행복이 아니다. 대학은 단지 하나의 과정일 뿐이다. 이 과정도 사람마다의 기준이 다르면 그만이다. 나의 목표가 대학이 아니라 행복이었다면 그 시절 나는 더 많이 웃고 더 많은 자신감이 있는 학생이 되고자 노력했을 것이다.

행복해지기 위해서는 현재 내 마음의 상태에 만족하도록 노력해야 한다. 내가 처한 상황이 지금 최고의 상태라고 생각해야 한다. 그래야 스스로 만족할 수 있다. 나를 힘들게 하는 사람이 있다면 미워하지 말아야 한다. 미워할수록 괴로운 건 나를 힘들게 하는 사람이 아니라 바로 '나'니까 말이다. 그 사람에게 분노하지 않아야 한다. 분노는 서로에게 더 큰 상처를 준다. 분노한다고 그 사람이 내 생각에 동의하는 것이 아니다. 내가 화를 내면 상대방이 내 생각을 따라준 것이라고 착각하는 것이다. 마음에 들지 않더라도 상대방을 고치려하지 말고 인정해주자. 나와 감정과 생각이 다른 사람이라고 말이다. 그렇게 내 마음을 편안하게 해주자. 내 뜻대로 안 되는 일이 있다면 조급해 말고 기다려주자.

예를 들어, 이번 성적이 내 생각에 못 미친다고 포기하지 말자. 시험 한 번에 일희일비하지 말자. 인생에는 많은 시험이 있다. 지금은 단지 작은 과정에 불과하다. 이번 시험으로 하늘이 무너지는 것이 아니다. 더 넓은 생각으로 현재를 바라보자. 그래야 이번 시험의 실수가 무엇이었는지 왜 그랬는지 분석할 수 있다. 그저 최선을 다했다면 스스로에게 애썼다고 위로해주자. 그래야 한 발 더 앞으로 나아갈 수 있다. 그렇지 않으면 부정적인 감정에서 한 없이 헤매게 되고 자책하게 된다. 이것은 다음 시험에도 전혀 도움이 되지 않을 것이다. 쉬었다 갈 수는 있어도 포기만 하지 않으면 언젠가는 내가 세워놓은 목표에 갈 수 있다. 스스로를 믿고 자신감을 잃지 말자.

행복해지기 위한 연습도 중요하다. '행복해질 거야.'라는 막연한 생각은 그냥 멈춰 있는 시간일 뿐이다. 어디로 가야 할지 몰라 멈춰 있는 것이다. 아무것도 하지 않고 가만히 시간만 지나가기만을 바란다면 아무것도 느끼지 못한다. 행복해지기 위해서는 구체적인 연습을 해야 한다. 그 하루하루의 노력에 스스로 칭찬하고 성취감을 느껴야 한다. 아무리 힘든 상황이어도 노력하는 그 하루에 스스로 만족하게 된다. 그 작은 만족은 나의 마음을 점차 편안하게 해줄 것이기 때문이다. 우리는 점차 그것이 행복임을 깨닫게 된다.

자, 그렇다면 행복해지기 위한 연습을 해보자. 먼저 나를 기특하게 생각하자. 거울을 볼 때마다 스스로에게 오늘도 잘하고 있다고, 잘했다고 칭찬해 주자. 칭찬의 내용을 구체적으로 말해야 한다. 그래야 나 스스로도 납득이 되기 때문이다. 한 문장으로 이야기해도 좋다. 나를 사랑하는 연습을 하는 것이다. 사랑은 관심으로부터 시작한다. 나의 소소한 일상에 관심을 갖는 것에서 시작해보는 것이다. 그리고 내 버킷리스트를 적어서 가까운 곳에 두자. 이를 늘 눈에 보이는 곳에 적어두자. 그래서 내가 무의식에서도 그 꿈들을 바라보며 희망을 가슴에 품을 수 있도록 말이다. 그러면 아무리 현재 어려운 상황이어도 무너지지 않을 긍정의 에너지를 가질 수 있다.

이제 풍경을 바라보고 자연의 아름다움에 감사하자. 내 감성을 풍부하게 해줄 뿐만 아니라 변화하는 자연의 아름다움을 느낄 수 있다. 또한 나에게 감사할 줄 아는 마음을 알게 해주고 편안함을 준다.

행복은 머나먼 어딘가에 존재하는 것이 아니다. 무엇을 반드시 해내야만 우리에게 주어지는 선물 같은 것이 아니다. 결과가 아닌 과정을 칭찬하라는 말이 있다. 행복은 노력의 과정 안에, 지금 여기 있다. 행복해지기 위한 생각을 변화시키면 지금의 나는 만족할 수 있다. 만족에서 오는 그 편안함이 오늘도 우리를 행복하게 해줄 것이다. 행복은 내일부터 시작되는 것이 아니다. 오늘부터 시작이다.

진로 길잡이 Q&A

**Q. 언제쯤 행복해질까요?**

. . . . . . . . . . . . . . . . . . . . . . . . . . . . . . . . . . . . . . . . . . . . . . . . . . . . .

행복해지는 시기는 정해진 것이 아니에요. 내가 행복하다고 느끼는
순간부터가 행복인 거예요. 행복은 몸과 마음이 편안한 상태가 되는
것이에요. 무엇이 되어야 행복해지는 건 아니에요. 지금 몸과 마음이
편안해지도록 노력해보세요. 그러면 지금부터 행복해질 거예요.

# 세상에서 가장 위대한 사람은
# 바로 나!

우리가 어디를 가든 무엇을 하든 우리의 한 가지 연구 대상은
바로 자기 자신이다.
—에머슨(미국의 사상가)

 스스로에게 '나는 잘하는 것도 없고, 외모도 아니고.'라고 말하는 사람들이 있다. 나 역시도 '다른 아이들처럼 발표를 잘하고 싶은데 왜 안 될까?'라는 생각을 했었다. 왜 그렇게 생각할까?

 사람들 앞에서 발표하는 것이 두려운 사람들이 있다. 나 역시 학창 시절 나서는 것이 싫었다. 두려워서였다. 누구나 새로운 환경에서는 두렵고 불안해한다. 하지만 자신을 통제하는 방법을 알면 생각이 달라질 수 있다.

 대학 이후에는 사람들 앞에 나설 기회가 더 생겼다. 그때마다 긴장이 되서 스스로 방법을 찾아야 했다. 이는 바로 자기 최면이었다. 나는 발표

전 마음속으로 생각했다. 처음에는 '내 앞에 3명만 번갈아 보고 이야기하자.' 그런데 막상 단상 위에 오르니 앞이 캄캄했다. 그래서 그 다음에는 '내가 말하는 것에만 집중하자.' 또 그 다음에는 '사람들이 나를 신경 안 쓴다고 생각하자.'라고 반복하며 매번 발표를 할 때마다 나에게 최면을 걸었다.

점차 '내가 제일 잘해.', '사람들은 나를 좋아해.'라며 스스로 발표 전 조금씩 생각을 발전시켜 나갔다. 앞에서 긴장하지 말아야겠다는 의지와 발표 전 스스로의 최면이 두려움으로부터 벗어나게 했다. 이렇게 집중을 하다 보니 자연스럽게 행동이 바뀌기 시작했다. 어느 순간부터는 내가 사람들 앞에 나설 때마다 찾아오는 긴장감에서 해방이 되었다. 처음부터 여러 가지 생각을 하면 집중하기가 어려워진다. 가장 우선순위인 한 가지를 정해서 그것만 생각하자. 그런 후에 행동이 달라졌다면 그 다음 문제로 넘어가면 된다. 내가 매일 아침 일어나는 것이 힘이 들지만 꼭 일어나야 한다면 잠들기 전 '나는 일어날 때 몸이 참 가벼워.', '아침 시간이 좋아.' 라며 마음속으로 나와 대화를 해보자. 만약 이를 통해 행동이 달라졌다면 그 다음 목표로 향하자.

사람도 누군가를 싫다고 생각하면 그 사람의 모든 것이 더 싫어지기 마련이다. 호감이 갔던 사람도 그 사람이 괜찮아 보이면 모든 것이 다 좋아 보이는 것과 같다. 싫어하는 과목이 있다면 자신을 기특해하며 계속 그 과목과 친해지기 위해 노력해야 한다. 잠재의식 속에서 집중을 하면 그 문제가 행동으로 연결된다. 목표하는 것을 끊임없이 되뇌이면 아무리 불가능할 것 같은 일도 행동으로 하게 된다. 결국 내 안에 부정적으로 바라보던 것들을 긍정적으로 바꾸는 연습을 하면 된다. 이러한 마음의 힘을 믿고 꾸준히 습관화해야 한다.

자신을 통제할 줄 알게 되면 자신감이 높아진다. 내가 속한 사회에서 자신감을 높이기 위한 구체적인 생각들을 알아보자. 먼저 말과 행동을 당당하게 하자. 발표에 대한 두려움을 가지고 있으면 목소리도 작아지고, 몸은 움츠러든다. 그러면 다른 사람들은 내 말을 신뢰하기가 어렵다. 반면에 말에 힘이 있고 움직임이 크고 당당하면 사람들은 내 말을 신뢰한다. 그러니 고개를 당당히 들고, 사람들의 눈을 보면서 말하는 것을 연습해야 한다. 하루의 즐거운 순간이나 성취한 경험들을 내용으로 일기를 쓰는 것도 좋은 방법이다. 이러한 연습을 반복하다 보면 하루에 감사하고 삶에 감사하는 마음이 생길 것이다. 사소한 것이라도 성취한 경험들은 나의 자신감을 높여주게 된다.

낯선 경험이나 환경은 누구나 두렵다는 것을 인정하자. 그러니 나의 불안한 감정들은 당연한 것이고 이것은 자연스러운 것이라는 것을 알아야 한다. 이를 인정하는 순간 마음이 조금은 편안해 질 것이다. 사람들은 나만 그렇다고 생각하면 불안해지지만 누구나 그렇다고 일반화하면 납득이 되고 안심이 되기 때문이다.

　나의 약점에만 신경을 쓰면 두려움은 커지게 된다. 하지만 사람들은 자신의 약점에만 신경을 쓰는 경향이 있다. 나의 장점과 약점이 무엇인지 종이에 적어보자. 장점만 저장하고 기억하자. 스스로에 대한 애정과 자신감이 높아질 것이다.

　살면서 세상 모든 사람을 의식하면서 살 수는 없다. 그러면 얼마나 피곤할까? 사람들마다 가치관이 다른데 모든 사람에게 내가 맞출 수 없는 것이다. 세상 모든 사람이 나를 좋아해주면 좋겠지만 그것은 불가능하다. 모든 사람에게 사랑받기 위해 애쓰고 상처받지 말자. 내가 아무리 잘해줘도 이유 없이 나를 싫어하는 사람도 있다. 반대로 전혀 신경 쓰지 않았는데도 나를 좋아해주는 사람도 있다. 남의 시선만 의식하면 그 안에서 내 삶에 집중하지 못하게 된다. 그러면 자신감도 떨어지게 된다.

　자신감은 하루아침에 높아지지 않는다. 노력하는 시간이 필요하다. 어떠한 생각으로 자신감을 지켜 나가야 할지 살펴보자. 첫째, 다른 사람과 비교하는 습관을 버리자. 사람들은 자신만의 개성이 있다. 따라서 비교하는 것 자체가 말이 되지 않는다. 우리는 서로 수직적인 관계가 아니라 수평적인 관계에 놓여 있다. 이 사회를 같이 살아가는 존재이다. 다른 사람을 부러워하고 그 사람이 되기를 바라는 것은 나의 자존감을 급속히 떨어뜨리는 생각이다.

둘째, <u>지금 나의 현실에 집중하자.</u> 누구나 과거에 힘들었던 자신만의 경험을 가지고 있다. 이것을 교훈 삼아 좋은 방향으로 나아가야 과거에 머물러 있지 않게 된다. 과거의 생각을 반복해서 떠올리면 현재에 집중할 수가 없다. 그러면 자신감도 떨어진다. 과거가 있어서 지금의 내가 있는 것이다. 부정적인 과거의 기억을 떨쳐버리고 모든 걸 용서하고 인정해주자. 그리고 나는 지금 여기에서 미래의 나를 위해 좋은 추억을 만들어주자. 지금 이 순간이 미래의 밑거름이 되기 때문이다.

자신감을 갖고 높이는 노력을 하면 도전할 수 있다는 희망이 따라온다. 스스로를 지지하는 자신감이 생기면 우리는 과거 그 이상의 새로운 모습으로 변화할 수 있기 때문이다. 이전과는 다른 행동을 하고 더 나은 삶에 집중하기 때문에 새로운 변화로의 두려움도 사라지게 된다. 이렇게 행동이 변화하고 생각이 달라지면 나에게는 새로운 가치관이 생긴다. 나의 가치관은 넘치는 자신감에서 만들어진 결과이다. 새로운 가치관은 나를 한 단계 더 성장시킨다. 그래서 어떤 어려움과 마주쳐도 극복할 수 있게 해준다. 이러한 경험들을 이겨나가면 자신감도 꾸준히 성장하게 되는 것이다.

자신감을 무기로 도전할 수 있다는 희망이 생겼다면, 내가 품어온 꿈을 열어보자. 누군가가 내 꿈을 비웃더라도 상관없다. 이미 나는 자신감으로 다른 사람의 생각과 내 생각을 인정하게 되었으니 말이다. 그저 나의 길을 묵묵히 걸어가면 된다.

나는 결코 누구와도 비교될 수 없다. 나의 모든 경험과 현재 존재하고 있는 내 모습은 특별하니 말이다. 내가 지금 여기 있다는 것은 내가 전부 이겨왔다는 증거다. 그러니 나는 약한 존재가 아니다.

공부하다 보면 암기해야 할 내용들이 있다. 암기법은 사람들마다 다르지만 공통점이 있다. 바로 반복해야 한다는 점이다. 그래야 우리의 뇌에 저장이 된다. 사람들은 암기하기 위해 여러 가지 자신만의 방법을 사용한다. 연습장에 같은 내용을 반복적으로 쓰면서 외우기도 하고 포스트잇에 적기도 혹은 암기장을 따로 만들기도 한다. 이렇게 애를 쓰는 것은 완전히 내 것으로 저장하기 위해서다. 내가 원하는 방향이 있다면 감정이나 생각도 반복적으로 연습해야 비로소 내 것이 될 수 있다. 그러면 어느 순간 내가 의식하지 않더라도 습관처럼 자리잡는다. 자신감으로 변화된 내 생각과 행동과 말을 습관이 되도록 계속 연습하자.

나 스스로를 통제할 수 있을 때 자신감은 자라나고 진정 나를 위한 삶을 선택할 수 있게 된다. 이러한 내 마음을 통제할 수 있는 사람은 바로 나 자신이다. 오직 나를 위해 나밖에 할 수 없는 일이다.

나는 내가 생각하는 것보다 훨씬 더 큰 사람이다. 때문에 원대한 꿈을 꿀 수 있다. 자신감이 버팀목으로 자리 잡은 나만의 세상에서 나는 위대한 사람이 될 수밖에 없는 것이다.

## 진로 길잡이 Q&A

### Q. 약점이 너무 많아요

약점만 바라보지 말고 강점에 집중해보세요. 내가 훨씬 위대해 보일 거예요. 약점에 집중하다 보면 자존감만 떨어져요. 강점에 집중하면 약점에 신경 쓸 겨를도 없답니다. 강점에 집중해서 자존감을 높이세요.

# 꿈의 궁극적인 목표는 행복이다

인생의 필수 조건은 할 일이 있고, 무엇인가 사랑하고,
그리고 무언가를 바라는 것이다.
―토마스 차머스(영국의 설교가)

꿈과 행복은 별개라고 생각하는 사람들이 있다. 학생들에게 물어보면 진로는 직업이라고 대답한다. 꿈에 대한 질문을 하면 고정처럼 직업을 말한다. 그렇다면 진로, 직업, 꿈 모두 같은 것일까?

꿈은 행복이다. 그렇다면 직업은 행복이라는 말인가? 행복은 그 이상 많은 것을 포함한다. 인간의 삶에 대한 종합적인 것을 포함한다. 즉, 행복은 모든 것이 편안한 상태를 말한다. 그러나 직업이 모든 것을 편안한 상태로 마련해주지는 않는다. 편안하게 해줄 수도 있고 그렇지 않을 수도 있다. 편안하게 해주는 범위 또한 정신적인 것인지 환경적인 것인지

또 다르다. 직업으로 인해 행복해 할 수도 있으나 불행을 온전히 피해가기는 어렵다. 직업이라는 부분이 꿈 전체에 영향을 줄 수는 있어도, 그 부분 자체가 전체가 될 수는 없기 때문이다.

누구나 행복하기를 바란다. 그리고 행복이라는 말을 자주 한다. 사람들은 행복을 추구하며 살아간다고 한다. 그렇다면 우리가 늘 말하는 행복은 도대체 무엇일까?

산에 오르다 보면 작은 암자들이 있다. 그곳에 가면 수북이 쌓인 기와를 볼 수가 있다. 그 기와에는 흰색 글씨로 사람들 각자 자신이 바라는 소원들을 적어놓았다.

새해에 해 뜨는 것을 보러 갈 때면 매년 주문을 외우듯 마음속으로 소원을 빈다. 보름달을 볼때 역시 소원을 빈다. 사람들은 소원을 비는 행사가 있으면 더 열심히 참여하기도 하고 찾아다니기도 한다. 여기에 소원의 공통점이 있다. 그것은 바로 건강이다. 행복의 근본은 건강에서 나온다. 건강하지 않으면 내 생활의 모든 균형이 깨진다. 이에 그치지 않고 주변 가족의 삶에도 영향을 주게 된다. 집안에 아픈 사람 한 명만 있어도 가족 다 같이 돌봐야 하기 때문이다. 행복은 거창한 것이 아니다. 일상의 소소한 것이다. 이 사소한 것들이 큰 눈덩이가 되지 않도록 관리해줘야 한다. 그래야 우리 삶은 평안함을 유지시켜 나갈 수 있다.

행복은 곧 돈이라고 하는 사람들도 있다. 돈만 있으면 모든 것이 편안해지지 않느냐고 당연하게 여긴다. 대학교 때 한 친구는 우리가 소위 말하는 집안 배경이 좋은 친구였다. 부모님 두 분 모두 대학 교수님이셨다. 경제적인 부분도 부유했으나 그 친구는 학교에 잘 나오지 않았다. 어쩌다 학교에 나오면 늘 허전해했다. 그리고 외롭다는 말을 자주 했다. 친구들은 배부른 소리라며 그 친구의 말을 아무도 들으려 하지 않았다. 나중에 알고 보니 그 친구는 평소에 정신건강의학과에 다니고 있었다. 그리고 그 증세가 심해져서 입원과 퇴원을 수년째 반복하고 있었다. 누가 봐도 부잣집 외동딸에 남부럽지 않게 사는 듯 했다. 하지만 개인적인 삶에서는 수많은 우여곡절을 이기지 못하고 우울증이 극심한 상태였다. 우리가 돈을 기준으로 본다면 그 친구는 행복해야 마땅하나 그렇지 못했다.

돈은 항상 행복과 함께 있는 것이 아니다. 그 친구에게는 많았던 돈이 자신의 감정을 관리해주지는 못했기 때문이다.

"모든 사람들이 그들이 꿈꾸는 것처럼 부유하고 유명해져봤으면 좋겠다. 그러면 이것이 해답이 아니라는 것을 알게 될 것이다."

-짐 캐리

『행복한 늑대』라는 초등학생용 도서가 있다. 아기 늑대 엄마는 착하기만 한 아기 늑대가 늑대답게 자라지 못해서 가문을 잇지 못할까 걱정이 많았다. 그래서 삼촌 늑대에게 전화를 걸어 의논을 하게 된다. 삼촌 늑대는 자신이 아기 늑대를 교육시키겠다며 자신 있게 말한다. 그리고 삼촌 늑대는 조카인 아기 늑대를 무시무시한 늑대로 만들기 위해 여러 가지 기술을 가르치려 한다. 늑대답게 키우기 위해서는 가르칠 게 한두 가지가 아니었기 때문이다. 토끼 사냥, 늑대답게 울기, 아기 돼지 집 부수기, 빨간 망토 소녀에게 겁주기 등이다. 그러나 삼촌 늑대 뜻대로 되질 않았다. 왜냐하면 아기 늑대는 착하기만 한 마음을 가졌기 때문이었다. 토끼 사냥을 가서는 토끼들과 둘러 앉아 채소를 먹었고, 빨간 망토 친구와는 친구가 되었다. 결국 숲속에 '페로스 과자점'을 차려 맛있는 당근 케이크를 만들어 숲속 친구들을 행복하게 해주었다. 아기 늑대는 삼촌의 가르침보다는 자신이 행복할 수 있는 길을 선택했다. 착한 성품을 가진 아기 늑대가 삼촌의 가르침처럼 사악한 늑대가 되었다면 과연 아기 늑대는 행복하게 지낼 수 있었을까?

이 책을 소개하고 초등학교 학생들에게 질문을 했다. 가족의 건강, 가족, 할머니 집 놀러가기, 가족 여행, 가족 등 가족이 포함된 모든 일상을 말하며 행복이라고 답을 했다. 우리는 잘 알고 있다. 나를 행복하게 하는 것이 무엇인지 말이다. 하지만 점차 성장하면서 잊고 지내는 것일 뿐이다. 내 생활이 점점 복잡해지고 속한 사회가 다양해지면서 미처 깨닫지 못하는 것이다. 이를 겪는 동시에 자신이 행복하지 않다고 말을 한다. 그래서 어릴 때 내가 즐거워했던 것은 무엇이었는지 행복했던 기억들은 무엇이었는지 가끔은 떠올려보아야 한다. 그 안에 내가 행복할 수 있는 정답이 숨어 있을지 모르니 말이다.

나는 허리가 안 좋아서 극심한 통증에 열흘 정도 누워만 지낸 적이 있었다. 매일 진통제를 먹으며 집에만 있었다. 그때 내가 침대에서 천장만 바라보며 생각했던 것은 도움 없이 혼자 밖을 산책해보는 것이었다. 그게 가능하다면 정말 행복할 것 같았다. 누워 있는 나에게 평소에 꿈이라고 생각했던 것들이 집에만 갇혀 있던 나에게 아무 소용이 없다는 것을 알았다. 그저 걸어서 밖을 나가는 것밖에는 바라는 것이 없었기 때문이다.

나는 누워서 할 수 있는 일이 아무것도 없었다. 일주일 정도 지나니 우울해지기 시작했다. 그래서 누워서 할 수 있는 일을 찾았다. 시간이 아까웠지만 무엇보다도 하는 일이 없으니 심심했다. 그래서 노트북을 놓고 내가 읽은 책들을 정리해갔다. 무언가를 해나가기 시작하니 누워 있는 상황은 달라지지 않았음에도 생기가 돌기 시작했다. 생각을 바꾸니 마음이 편안해지기 시작했다. 같은 상황을 두고 생각하기 나름이라는 것을 절대적으로 실감했다. 받아들이면 되는 것이다. 몸부림친다고 해서 내 아픈 허리가 당장 나아서 걸을 수 있는 것은 아니었다. 몸부림치면 칠수록 내 마음의 병만 키워갔을 것이다.

나는 처한 상황 안에서 할 수 있는 일을 찾았고 그 안에서 나름 즐거움을 느끼려 했다. 그것이 내 마음의 평안을 얻는 유일한 방법이었다.

행복의 기준은 사람마다 다르다. 하지만 행복해지는 것은 누구나 원하는 것이다. 스스로를 행복하게 만들어 주는 것은 대단한 것이 아니다. 소소한 일상이라는 조각들이 모여 아름다운 행복이라는 보자기를 완성하는 것과 같다. 내 주변 사람들과 내 일상을 소중히 하고 현재의 상황에 맞는 일들을 해 나가면 된다. 그리고 그 일에 대한 목표를 세우자. 무엇보다 중요한 한 가지는 사랑하는 마음을 갖는 것이다. 나아가 내 주변의 모든 것들을 편안하게 바라보자. 삶의 균형을 건강하게 유지하는 것이 진정한 꿈이자 행복이지 않을까?

## 진로 길잡이 Q&A

> ### Q. 내가 어디로 가고 있는지 잘 모르겠어요
>
> ·······················································
>
> 우리는 결국 행복해지기 위해 노력하는 거예요. 내가 어떨 때 마음이 편안하고 웃었는지 잘 떠올려보세요. 그 기억을 찾아가다 보면 내 길이 보일 거예요.

# 7교시

# 너의 열정이
# 눈부신 미래를 만든다

이 세상 최고의 파산자는 열정을 상실한 사람이다.
이 세상 모든 것을 상실하고도 열정만 상실하지 않는다면
그는 다시 성공할 수 있다.
－H. W. 아놀드

조카는 초등학교 입학 전 레고를 정말 좋아했다. 하루 종일 레고를 만드느라 늦은 시간까지 꼼짝하지도 않았다. 자신이 원하는 레고의 모델을 사다주면 밥 먹고 화장실 가는 시간 외에는 자리에서 움직이질 않고 레고를 만들었다. 그리고 완성이 되면 온 가족은 칭찬을 해주었다. 이렇듯 자신이 좋아하는 일을 할 때는 열정을 느끼게 된다. 하지만 학년이 올라갈수록 우리들이 어릴 때 느꼈던 열정이 점점 사라지는 것을 보게 된다.

내가 어릴 때 분명 몰입하던 놀이가 있었다. 반복된 놀이를 하고 장난감을 가지고 놀았다. 그러면서 그 놀이를 다르게 변형시키는 시도도 해보았다. 우리는 그런 열정이 필요하다. 어릴 때 나를 몰입하게 만들었던

그 놀이 말이다. 지금은 그 열정들이 내 안의 어딘가에서 잠자고 있을 것이다. 그러한 열정을 깨울 수 있는 것은 무엇일까?

우리 주변에 열정이 있는 사람들을 떠올려보자. 나는 가끔 〈고등래퍼〉라는 프로그램을 시청한다. 다양한 고등학생 래퍼들의 사연들이 등장한다. 자신들이 가지고 있는 외적인 환경은 다 다르지만 공통점이 있다. 모두 랩을 너무도 사랑한다는 것이다. 그것을 위해 힘든 시련 속에서도 꿋꿋이 한 가지 목표만을 위해 그 무대까지 서게 된 친구들이 있다. 한 명한 명의 스토리를 들으면 모두에게 뜨거운 박수를 보내고 싶다. 힘든 터널을 지나 세상 밖으로 나온 친구들의 랩을 들으면 그 깊이가 다르다. 수없이 고민하고 고민한 흔적이 역력하기 때문이다. 홈페이지에 들어가보면 세상을 깨울 10대들의 진짜 힙합이라고 프로그램 소개가 되어 있다. 내 안에 숨어 있는 열정을 깨운 건 그들이 가지고 있는 절실한 꿈이었다.

열정적인 사람은 어떠한 시련이 와도 극복할 수 있다. 하지만 열정을 상실한 사람은 고난이 닥치면 자신을 일으켜 줄 힘이 없다. 나를 일으킬 수 있는 힘의 근원이 무엇인지 살펴보아야 한다. 이는 배우지 않아도 누구의 도움을 받지 않고도 얼마든지 스스로 찾아낼 수 있다. 그렇다면 잃어버린 열정을 찾을 수 있는 방법에는 무엇이 있는지 알아보자.

첫째, 나에게 질문해보자. 내가 가장 하고 싶은 것이 무엇인지 말이다.

지금 성적이나 환경을 생각하지 말고 자유롭게 자신에게 답해보자. '나는 성적이 안 좋아서, 부모님이 싫어해서, 경제적으로 어려워서' 등과 같은 어떠한 변명도 하지 말자. 오직 자신에게 집중하자. 내가 진짜 원하는 것이 무엇인지 답을 찾아보자. 이런 시간은 오래 걸리지 않는다. 스스로 생각할 시간을 주자. 진짜 나에게 물어보고 대답할 시간을 제공하자.

둘째, 즐거움을 얻기 위한 것을 찾아보자. 좋아하는 것, 평소에 하고 싶었던 것, 무엇이든 일단 해보자. 미루지 말고 지금 하자. 시간이 없다는 변명도 하지 말고 남의 시선에 관심을 두지 말자.

셋째, 주변에 내가 봉사할 수 있는 것에 참여하자. 봉사는 남의 일이라고 생각하고 있지는 않은가? 오직 생활기록부에 기록될 봉사 시간에 연연해하지 않는가? 진로에 관련된 봉사 활동만 찾으러 다니지 않았는가? 내 손길이 필요한 곳에 진심을 다해 봉사해보자. 나에게 힘든 시간이 찾아 왔을 때 정말 아무것도 하고 싶은 의지가 생기지 않았다. 나를 움직이게 할 수 있는 아무런 동기부여도 없는 상태였다. 그때 우연히 요양원에서 봉사자를 모집하는 공고가 눈에 띄었다. 토요일 오전에 나는 처음으로 혼자 요양원에 갔다. 할머니들의 손을 마사지해드리는 것이었다. 내가 손 마사지를 해드린 할머니는 유쾌한 분이셨다. 손 마사지를 해드리는 동안 할머니는 자신이 살아오신 삶을 자연스럽게 이야기하셨다. "내가 젊었을 때는 손이 참 고왔는데….” 하시며 자신의 고된 삶을 들려주셨다. 40대에 홀로 남게 되어 5남매를 이 손으로 혼자 다 키우셨다며 자신의 고된 손을 자랑스러워하셨다. 처음 할머니의 손을 잡아드렸을 때의 느낌과 다르게 다가왔다. 그 말을 듣는 순간 할머니의 손이 너무 곱고 아름다워 보였다. 당시 나는 내가 세상에서 제일 힘들다고 생각하며 마음을 열지 않았던 시기였다. 그런데 할머니의 삶에 대한 이야기를 듣고 내가 얼마나 어리광을 부리고 있었는지 내 스스로가 부끄러워졌다. 할머니의 손을 잡아드린 것이 아니라 오히려 할머니의 손이 나의 손을 잡아준 것이었다. 그 손은 좌절하고 있던 나를 다시 일으켜준 소중한 손이었다. 그 봉사 활동의 경험을 통해 나는 생각해보지 못했던 내 삶의 의미를 다시 찾는 계기가 되었다. 생각지도 못한 봉사 활동은 나에게 동기를 부여해주고 긍정적인 사람이 되도록 도와주었다. 나에 대해 알지 못했던 스스로의 모습을 재발견하게 해준 것이다.

넷째, 10년 뒤 내 모습을 그려보자. 앞으로 10년 뒤 나는 어떤 모습을 하고 있을지 떠올려보자. 그것도 내가 원하는 모든 것을 이루었을 때의 내 모습이어야 한다. 내가 하는 일은 무엇인지 내가 살고 있는 집은 어떤 집인지 무엇을 먹고 있을지 구체적으로 적어보자.

다섯째, 힘이 되는 책이나 글을 읽어두자. 힘들 때 위로가 되는 글들이 있다. 그 내용은 희망적인 것이어야 한다. 책도 자기계발서 같은 책들을 골라서 읽자. 나는 자기계발서를 좋아한다. 읽고 있으면 가슴이 설레고 빨리 실천하고 싶은 마음이 든다. 희망이 되는 글이나 자기계발서는 열정이 없는 사람들에게 동기 부여의 계기가 될 수도 있다.

다섯 가지는 열정이 없는 사람들에게 열정을 찾게 도와주는 방법들이다. 하지만 거꾸로 꿈이 있고 간절한 사람에게는 열정이 선물처럼 따라온다. 어느 방법이 먼저든 상관없다. 사람마다 다르기 때문이다. 꿈을 먼저 갖고 있는 사람, 아직 꿈을 찾지 못한 사람, 꿈이 필요 없다고 생각하는 사람 모두 다 상황과 개인의 경험이 다르기 때문이다. 허나 어떠한 사람이라도 열정 없이 세상을 살아가는 것은 조금 슬픈 일이다. 만약 내가 열정이 있는 삶을 살고자 선택한다면, 가장 확실한 방법은 먼저 꿈을 갖는 것이다. 꿈은 내가 어떠한 여정으로 가야 하는지 그 방향을 알려주기 때문이다. 나를 어디로 움직여야 하는지 힘의 방향을 이끌어준다.

꿈과 열정은 비례한다. 꿈의 크기에 따라 열정의 크기도 달라진다. 꿈을 크게 꾸면 열정도 커진다. 열정이 크면 클수록 꿈을 성취할 수 있는 확률이 그만큼 높아진다는 것을 기억해두자. 열정의 저력은 신체적 · 경제적 어려움에도 모든 것을 극복하게 해준다.

그래서 누구나 열정적인 마음만 있으면 꿈을 성취할 수 있는 것이다.

일상의 사소한 것 모두 열정적인 태도로 맞이하자. 열정적인 태도를 가진 사람은 희망에 차 있다. 그리고 스스로에 대한 믿음을 확고하게 만든다. 열정적인 태도는 내 인생을 변화시켜 줄 수 있는 마법 같은 것이다. 어떠한 시련이 다가와도 목표를 향해 흔들리지 않도록 방패막이가 되어 줄 것이다.

인생은 마라톤이라는 말이 있다. 마라톤을 할 때 가장 필요한 것은 물이다. 기억해두자. 인생이라는 여정에 꼭 필요한 것은 꿈과 열정이라는 것을!

## 진로 길잡이 Q&A

### Q. 꿈은 있는데 열정이 없어요

꿈에 대한 간절함을 가지세요. 실행 가능한 목표를 세우고 그것을 하나씩 실천해보세요. 성취감을 느끼고 성공 경험이 쌓이다 보면 자신감이 생길 거예요. 그러면 재미와 열정이 생긴답니다.

# 지금부터 네 인생이
# 완전히 바뀔 거야!

처음 배운 거라서, 혹은 낯선 사람이라서, 처음 드는 생각이라서….

모든 것은 처음이라서 생소한 거예요. 해보지 않았기 때문입니다. 처음 보는 수학 기호도 계속 보면 익숙해집니다. 처음 보는 사람도 자주 보고 친해지면 편안해집니다. 단지 처음이라 모든 것이 두려운 거예요.

어린아이든, 청소년이든, 어른이든 마음은 다 똑같습니다. 이럴 때에는 두려움에 맞서는 용기를 가져야 합니다. 용기는 스스로에 대한 믿음에서 나옵니다. 그 용기를 가지고 도전해보세요. 도전을 하기 전부터 망설이는 사람들도 있습니다. 도전은 엄청난 것이 아니라 해보지 않은 것을 시도해보는 거예요. 그러면서 실패든 성공이든 새로운 경험을 해보는 것입니다. 따라서 바로 이러한 자세를 스스로 칭찬해주세요. 경험을 통해 얻은 교훈들은 우리가 세상을 살아가는 데 엄청난 지원군이 되어줄 테니까요.

또한 자신을 믿고 긍정적인 생각으로 미래에 대한 꿈을 꾸세요. 자, 지금부터 눈을 감고 미래의 내 모습을 한번 상상해보세요. 어때요? 굉장하죠? 자신의 미래를 안 좋게 상상하는 사람은 아마 없을 것입니다. 눈 감고 떠올랐던 그 장면을 마음에 저장해두세요. 그리고 그 생각을 하루에도 몇 번씩 해보세요. 저절로 입가에 미소가 번질 거예요.

이렇게 좋은 생각을 하면 바른 행동과 아름다운 마음을 담은 언어가 나오게 됩니다. 이것이 습관이 되면 결국 좋은 사람이 되는 거예요. 그러면 주변에는 좋은 사람들이 모이게 됩니다. 참 신기하죠. 좋은 생각을 하면 주변에 긍정적인 것들이 모이게 되거든요. 긍정적인 사람들과 좋은 경험들을 하나씩 쌓아보세요. 좋은 성취 경험들은 자신감을 높여줄 수 있습니다.

무언가를 배우기 전에 좋은 생각을 떠올리고 시작하면 학습 효과가 더 좋다는 연구 결과도 있습니다. 좋은 생각은 표정도 변화시켜줍니다. 이처럼 멋진 내 미래를 상상하고 좋은 생각을 하면 양쪽 입꼬리가 올라가고 어깨도 올라가는 것을 느낄 수 있을 것입니다. 자, 이제 활기차게 미래로 출발할 에너지를 모두 모았습니다. 내 꿈의 출발선에 설 준비를 마친 것입니다.

긍정적인 생각을 갖게 된 여러분의 인생은 지금부터 완전히 달라질 것입니다. 지금 이 순간부터 생각을 바꾸고 변해보세요. 하루하루 변하는 스스로의 모습에 신이 날 거예요. 내가 상상했던 미래는 바로 오늘이 될 수 있습니다. 내일의 모습을 기대하며 설레는 마음으로 원하는 것을 마음껏 시작해보세요!